물을 중심으로 한

발견과 발명

서울여자대학교 부속유치원
유아과학 교육프로그램

물을 중심으로 한

발견과 발명

서울여자대학교 부속유치원 지음

(주)교 문 사

책을 내면서

옛 성인의 말을 빌리지 않더라도 인류의 미래는 아동 · 청소년을 위한 교육정책을 어디에 가치를 두면서 펼쳐 나가느냐에 달려있음이 틀림없다. 시대의 변천과 가치관의 변화에 따라 어느 시기에는 문화와 예술을 다른 학문분야보다 더 강조하기도 하고, 또 어느 시기에는 지식과 기술을 더 우위에 놓기도 하고, 또 어느 시기에는 수학과 과학의 중요성에 초점을 맞추기도 하면서 인류의 역사는 나름대로 지속적으로 발전해 왔다고 생각한다.

우리나라에서도 바람직한 교육정책의 정립이 올바른 교육방향 제시에 필수적이라는 관점이 지적되면서 다양한 계층과 영역의 교육관련 전문가들의 동의를 이끌어내고 있다. 이에 따라 관련 전문가들이 교육의 강조점과 중요성에 대해 논의하면서 아동 · 청소년을 위한 교육의 방향을 설정하고자 하는 활발한 논쟁을 오래 전부터 진행해 왔다. 특히 유아교육전문가들은 유아의 발달적 특성을 고려하면서 유아기에서부터 전개되어야 할 교육의 내용과 방법은 어디에 초점을 두고 어떠한 방법으로 이루어져야 하는지에 대한 논쟁을 계속하고 있음을 알 수 있다. 왜냐하면 유아기는 충분한 논쟁이 필요한 만큼 발달에서 중요한 시기이기 때문이다.

이 책은 서울여자대학교 부속유치원에서 실제로 진행된 과학교육 프로그램을 보완하여 한 권의 책으로 엮은 것이다. 과학교육은 유아기에서부터 도입되어야 하는 중요한 교육영역 중의 하나이며, 이를 통해서 유아들이 과학적 지식과 과학적 사고, 그리고 과학적 문제해결의 방법과 과정을 자연스럽게 탐색하고 익힐 수 있는 길이라고 생각한다.

이 책의 구성은 제1부에서는 본 과학교육 프로그램의 개요로 프로그램의 목적과 의미, 유아와 과학교육의 관계들이 제시되어 있으며, 제2부에서는 실제적으로 이루어진 과학교육 프로그램의 내용들을 소개하고 있다. 발견과 발명, 전시회 및 평가의 과정으로 나누어 구성하였으며, 실제적으로 이루어진 프로그램의 진행과정들이 기록되어 있다. 또, 유아를 위한 과학교육 프로그램이 앞으로 나아가야 할 방향에 대한 제안들을 제시하였다. 끝으로 현장 교사들의 과학교육 프로그램 적용을 돕기 위한 활동계획안이 부록에 포함되어 있다.

이 책은 유아과학교육의 전반적인 내용 영역을 다룬 책이 아니라 '물' 이라는 과학의 한정된 주제영역에 국한하여 보다 심층적으로 유아들과 전개해 나갈 수 있는 구체적인 내용과 방법을 실제로 진행하여 제시하였다. 이는 현장에서 유아에게 과학교육을 한층 심도 있게 제공하려는 계획을 가지고 있는 교사들과 현장전문가들에게 실제적인 도움이 되게 하려고 노력한 것이다.

아직 한 권의 책으로 세상에 내놓기에는 부족하고 미진한 점이 많으나 굳이 출판을 하고자 하는 의도는 이 책에 대한 유아교사와 전문가들의 고견과 질책을 접하고자 하는 마음에서이다. 그리하여 필자들이 앞으로 계속해서 진행하고자 하는 과학의 다양한 주제들의 전개과정에 반영하고 보다 효과적인 유아과학교육을 수행해 나가고자 한다.

이 책이 나오기까지 많은 분들의 수고를 잊을 수 없다. 무엇보다도 일상의 유치원 업무를 마치고 나서 또다시 유아를 위한 과학교육 프로그램의 내용 선정과 교수방법 등에 대한 연구, 자체 워크샵, 세미나, 발표회, 유아과학캠프의 실행, 평가회 등을 1년여에 거쳐 참여하고 진행한 서울여대 부속유치원 이현옥 원감과 교사들에게 감사의 말씀을 전한다. 이들의 노고가 없었다면 이 책의 출판은 어려웠을 것이다. 또한 이 책의 출판을 맡아주신 (주)교문사 류제동 사장님과 양계성 상무님께 감사의 말씀을 전한다.

2007년 여름
서울여자대학교 아동학과
교수 강 문 희

차 례

제 1 부

유아과학교육 프로그램의 개요

1장

과학교육 프로그램의 목적과 의미

1장 과학교육 프로그램의 목적과 의미

1. 과학교육 프로그램의 목적

21세기 현대사회는 과학과 기술이 급속히 발전하여 과학이 인간 생활의 일부가 되었으며, 과학에 대한 이해와 활용 능력인 과학적 소양 여부에 따라 인간 삶의 질이 결정된다. 즉, 유아가 살아갈 미래는 과학, 기술, 사회가 밀접하게 연결된 세계로 체계적 과학교육을 통하여 형성된 과학적 소양을 갖춘 인간상을 요구하고 있다.

과학은 우리가 살고 있는 세상에 대한 궁금한 점들을 찾아내어 그것을 창의적으로 해결해 나가기 위해 끊임없이 다양한 탐구를 해보는 활동이다. 그러므로 유아들의 생활 주변에서 일어나고 있는 모든 자연현상과 물질의 상호작용의 과정들이 과학의 범주에 포함되어 있어 유아에게 과학은 떼어놓을 수 없는 중요한 관계라고 할 수 있다(류진희, 1985)

유아는 생래적으로 주변 세계의 사물, 사람, 자연 현상들을 민감하게 인식하며 탐색하고 탐구하는 과학자적인 특성을 가지고 있다. 유아의 과학적 흥미와 탐구 능력은 본질적 발달특싱으로 성인의 권유나 안내보다 선행하는 능력이다.

Piaget(1976)는 과학의 기초개념은 어려서부터 발달되며, 유아기의 사고와 과학교육의 관계는 탐구 태도를 갖게 하는 데 관련이 있다고 보았다. 또한 그는 "그저 보거나 추상적으로 상상하는 것으로는 사물이나 사건을 인식할 수 없다. 그 사물에 대해 인식하려면 그 사물을 직접 다루어 보는 길밖에 없다."고 하며 유아 스스로 과학교육의 능동적인 참여자가 되어야 함을 강조하였다.

이처럼 유아기의 과학경험은 유아의 발달에 지대한 영향을 미치게 된다. 구체적으로 과학교육의 영향을 살펴보면 다음과 같다(최인숙, 2000).

첫째, 과학활동은 유아의 신체발달을 돕는다

유아들은 그들의 환경을 다룰 수 있도록 신체를 작동시키는 능력을 발달시킬 필요가 있다. 특히 유아기에는 대소근육 운동능력을 모두 발달시켜야 한다. 대근육 운동기술은 조립하기, 지레 사용하기, 도르래 움직이기, 갈퀴로 긁어내기와 같은 과학활동 과정을 통해서 발달될 수 있다. 또한 소근육 운동기술은 가위로 자르기, 연필과 자로 선 긋기, 특징에 따라 분류하기, 밀가루 반죽이나 점토로 만들기와 같은 과학활동 과정을 통해 발달될 수 있다.

이와 같이 유아는 과학활동 시 눈과 손을 협응해 보고 오감각을 사용하는 등 과학의 과정에서 자신의 감각과 신체적 기능을 정교하게 발달시키는 기회를 가질 수 있다.

둘째, 과학활동은 유아의 사회적 발달을 돕는다

유아는 과학활동을 하는 과정에서 자신과 관계를 맺고 있는 유아, 교사, 그리고 사건에 관심을 가짐으로써 사회 적응성 및 대인관계의 원만성이 길러진다. 즉, 유아들이 서로 협동하고 규칙을 지키며 과학활동에 참여하면 안전한 가운데 궁금했던 문제를 해결할 수 있지만, 서로 싸우고 질서를 지키기 않고 규칙을 무시하는 행동을 하면 특히 안전에 있어서 위험을 초래하며 문제를 해결하는 데 도움이 되지 않는다는 것을 경험함으로써 긍정적으로 사회성을 발달시키게 된다. 또한 또래간에 서로 협의하는 과정을 통해 새로운 결과를 도출해 내며 유아들은 수준 높은 사회적 기술을 경험하게 된다.

셋째, 과학활동은 유아의 정서발달을 돕는다

과학적 경험은 유아가 정서적 안정감을 가질 수 있도록 해준다. 예를 들어 유아가 쥐에 대하여 두려움을 갖는 경우 쥐의 생태에 대한 책이나 다른 매체를 통해 정보를 얻음으로써 두려움을 완화시킬 수 있다. 또한 하나의 모충을 나비로 키워가는 과학적 경험을 통하여 궁금했던 문제를 해결해 가면서 성취감, 만족감 그리고 기적과 같은 생명의 신비감을 느낌으로써 긍정적인 자신감을 키워나가게 된다.

넷째, 과학활동은 유아의 언어발달을 돕는다

유아는 과학적 경험을 할 때마다 새로운 어휘를 배우고, 의사소통기술을 발달시키는 등 언어 능력이 향상된다. 예를 들어 동물원에 가면 각종 동물의 이름을 배우게 되고, 식물을 키워보면서 식물의 이름, 식물의 구성요소들의 명칭, 그리고 식물을 키우기 위해 필요한 요소들의 이름을 알게 된다. 또한 식물을 키우면서 느끼고 알게 된 사실들을 친구들과 교사에게 전달하면서 의사소통기술을 발달시킨다.

다섯째, 과학활동은 유아의 인지발달을 돕는다

유아는 과학활동을 통하여 사물의 이해력, 즉 사물의 속성, 특징, 유사점, 차이점 등을 이해하는 능력이 증진된다. 유아는 사물이나 사람과 갖는 상호작용적인 경험을 통하여 사물에 대한 이해력이 점점 확장된다. 예를 들어 유아가 소나무 숲을 걸어갈 때 소나무의 모양을 바라보고, 소나무 껍질을 만져보고, 송진의 냄새를 맡아봄으로써 소나무의 생김새나 특징을 알게 된다. 만일 소나무를 그림으로만 경험한 유아는 소나무의 모양 외에는 다른 개념을 알 수 없을 것이다.

또한 과학활동을 통해 사고 능력 및 문제해결력이 증진된다. 유아는 과학활동을 할 때마다 그들 나름대로의 과학적인 방법을 사용하면서 논리적인 사고와 문제해결능력을 발달시킬 수 있다.

이처럼 유아교육에서 중요한 역할을 하는 것이 과학교육이라고 할 수 있다. 그러므로 유아기에 과학적 소양을 충분히 길러서 지적 발달과 사고력 발달은 물론 바람직한 인간으로 사회생활을 해 나가도록 과학교육을 중시해야 한다.

2. '발견과 발명' 과학교육 프로그램의 의미

유아과학교육은 과학하는 마음, 과학적 태도 그리고 지적 호기심을 만족시키려는 탐구 활동을 통하여 이루어지며 이러한 태도와 행동은 어릴 때일수록 효과가 크다(이경우,

1989). 그러므로 유아과학교육은 어떤 교육활동보다도 유아의 발달적 특성을 고려해서 이루어지는 교육이어야 한다.

유아를 위한 과학교육은 단순히 성인이 결정한 다량의 과학적 지식이나 내용을 유아에게 가르치는 것이 아니라, 아이들이 주변세계에 대해 보다 완전한 이해를 하고 한 문제를 인식하며, 그 해결책을 개발해 나아갈 수 있는 호기심과 의문을 자극하는 것이 중요하다(Raper & Stringer, 1987).

유아들에게 유아의 주변상황에 대한 탐색과 놀이를 통하여 과학교육의 기본 개념들을 자연스럽게 스스로 구성할 수 있도록 하고, 사물이나 형상, 사실, 사건, 자연현상 따위를 찾아내고 이를 새로운 방법으로 고안하는 경험은 유아들의 사고발달과 각 영역별 발달에 큰 영향을 미친다고 볼 수 있다.

엄기영(1987)은 유아의 과학활동에서 최우선적으로 강조되어야 할 것은 '과학적 사실' 을 알려주는 일이라기보다는 '발견의 과정 그 자체 또는 발견 과정으로 이끄는 태도' 의 개발이라고 말하고 있다.

발견이란 미처 찾아내지 못하였거나 아직 알려지지 아니한 사물이나 현상, 사실 따위를 찾아내는 것이다.

또한, 발명은 자신의 재능을 활용하여 세상에 없는 것을 새로운 발상과 신기술로서 일상생활에 어떤 영역이든지 편하게, 좋게, 쉽게, 간편하게, 가볍게, 쓸모 있게, 무겁게, 크게, 작게, 간단하게 등 인간생활을 이롭게 하는 창작 기술이다.

이와 같은 과학교육의 특징을 통해 유아과학교육은 과학적 지식이나 개념의 형성보다 과학적 탐구과정 속에서 스스로 의문점을 발견해보는 발견의 과정과 새로운 생각과 사물을 고안해보는 발명의 과정이 중요하다고 볼 수 있다.

지금까지 생각해내지 못했던 사고를 발견해 보고 독특하고 창의적인 발명품을 제작해 보는 경험을 통해 유아들은 잠재된 능력을 발견하고 스스로 자신의 능력을 계발할 수 있는 기회를 제공할 수 있다는 점에서 발견과 발명의 교육은 그 의미가 크다고 할 수 있을 것이다.

유아과학교육에서의 발명과 발견의 교육적 의의를 살펴보면 다음과 같다.

첫째, 창의성 증진에 효과적이다

현 국가수준의 교육과정은 창의성 교육을 기본 방향으로 설정하고 있는데, 발견과 발명을 강조한 교육은 창의성 교육의 한 방편일 뿐만 아니라 국가 경쟁력을 키우는 관점에서도 매우 중요하다. 창의적 사고능력은 개인들이 일상생활에서 당면하는 여러 가지 문제상태를 새롭고 독특하고 가치 있는 방향으로 해결해내는 인간의 고차원적인 정신능력으로 신축성과 유연성을 요구하는 일종의 독특한 사고의 형태라고 할 수 있다.

둘째, 문제해결능력 증진에 효과적이다

미래사회는 새로운 정보를 창출하는 능력이 더욱 중요해질 것이고, 예측하기 어려운 새로운 문제상황에 더욱 빈번히 직면하게 될 것이다. 또한 인생은 새로운 문제에 부딪히고 해결해 가는 과정이라고 볼 수 있다. 따라서 문제해결능력을 배양하는 데 효과적인 발견과 발명의 교육은 어린 시기부터 개발해야 할 중요한 목표이기도 하다. 발견과 발명에 관한 교육은 직면한 문제를 스스로 찾아내서 주도적으로 해결해 가는 과정을 강조하므로 문제해결능력 향상을 위한 좋은 방법이라 할 수 있다.

셋째, 학습에 대한 흥미와 학습효과를 높인다

발견과 발명의 교육은 실생활과 직접적으로 관련이 있는 소재를 다루고 있어 학습에 대한 흥미와 학습효과를 높일 수 있다. 이러한 교육은 직접적인 노작활동 중심의 학습으로 구성되어 있으므로 초등학교 실과, 중학교 기술과 가정, 미술 교과 등과 밀접한 관련이 있다. 따라서 발견과 발명의 교육은 특정교과를 통하여 집중적으로 발명품을 만들어 내는 능력을 기르는 것이 아니라 여러 교과에 걸쳐 발명에 대한 호기심과 탐구심, 상상력, 창의적 문제해결 능력 등을 갖도록 하는 데 초점이 맞추어져야 하며, 유아의 창의력 및 문제해결 능력뿐만 아니라 노작 기능을 제고시키는 데 매우 효과적이다.

넷째, 자기 주도적 학습 능력을 배양해 준다

발명이란 일상 속에서 불편하거나 문제가 있는 것을 해결하려는 일련의 과정으로, 주변의 문제점들을 관찰하고 개선하려는 문제의식과 개선의지를 갖고 이를 해결하기 위하여 스스로 상당한 학습을 함으로써 자신도 모르는 사이에 그 분야의 전문가가 될 수 있다.

상상력과 호기심이 가득하여 창의력을 강하게 발휘할 수 있는 시기인 유아들에게 발견과 발명교육의 기회는 자신의 유능함을 지각하여 자신감을 갖게 하며 학습활동의 질적인 향상을 가져오고, 창의적으로 사고하는 습관을 기를 수 있다.

따라서 본 **서울여대 부속유치원 과학교육 프로그램**은 유아들이 과학교육의 기본 개념들을 자연스럽게 스스로 구성할 수 있도록 하고자 하였으며, 사물, 사건, 자연현상 등에 대해 의문점을 갖고 깊이 있게 발견하는 과학적 태도를 기르는 것에 중점을 두었다. 또한 유아 스스로 사물의 현상에 의문점을 갖고 심도 있게 사고하여 나름대로의 생각을 표현하는 과정 속에서 새로운 것을 창안해 내는 발명의 경험을 갖도록 격려하고자 하였다. 아울러, 지금까지 생각하지 못했던 사고를 발견해 보고 독특하고 창의적인 발명품을 제작해 보는 경험을 통해 유아들의 잠재된 능력을 발견하고 스스로 자신의 능력을 계발할 수 있는 기회를 제공하여 유아의 과학적 능력과 창의성을 계발하고자 하였다.

2장

유아과학교육과 교사

2장 유아과학교육과 교사

1. 과학교육에서의 교사의 역할

과학교육에 영향을 미치는 요인은 학습자인 아동자신, 교사의 질적 수준, 그리고 교사-아동, 아동-아동, 아동-환경 간의 상호작용을 들 수 있다. 이러한 요인들 중에서 최근까지 진행되어온 과학교과과정의 교과에 관한 수많은 연구들은 과학교육의 질을 결정하는 주요 요소가 교사라는 점을 밝히고 있다(구희정, 1991).

교사는 유아의 지식 구성을 위한 능동적인 조장자로서 교육적 상황을 설정하고, 유아들이 학습에 참여할 때 주의 깊게 관찰하고, 유아들에게 다양한 정보를 제공하고, 유아와 적극적으로 상호작용하며, 또한 유아와 유아 간의 상호작용을 지원하는 등 총체적인 책임을 가진 사람으로 그 역할이 매우 중요하다.

환경 제공자

유아를 위한 환경은 크게 심리적 · 물리적 환경으로 구별된다. 교사는 유아가 자유롭고, 능동적으로 환경을 탐색하고 학습할 수 있는 심리적으로 안정된 분위기를 제공해 주어야 하며, 유아의 논리 · 수학적 사고와 과학적 탐구활동이 활발히 일어날 수 있는 풍부한 물리적 환경을 구성해 주어야 한다.

모델 제공자

유아가 과학적인 태도를 가지도록 하기 위해서 교사는 과학하는 태도의 모델이 되어 주어야 한다. 교사가 주변의 많은 것에 항상 호기심을 보이고, 예측과 가설을 세워보고, 실험하는 태도를 보여줌으로써 유아들도 이러한 과학적인 태도를 자연스럽게 습득할 수 있다.

정보제공자

교사는 유아에게 기본적인 개념과 과학적 사실을 알려주는 역할을 할 수 있다. 이는 유아에게 주입식으로 과학적 사실을 가르치기보다 유아가 탐구나 조작과정에서 도움이 되는 기초적인 정보를 제공해 주고, 유아의 자발적인 학습에 보조적인 역할을 의미한다고 하겠다.

상호작용자

유아의 자발적이고 발견적인 과학적 탐구가 활발히 일어나도록 하기 위해서는 유아와의 상호작용이 매우 중요하다. 교사는 유아의 호기심을 자극하고, 개별적으로 혹은 소집단으로 활동에 참여하여 유아가 좀 더 다양한 과학적 경험을 할 수 있도록 확장시켜 주어야 한다.

관찰자 및 평가자

교사는 유아가 과학활동에 참여할 때 관찰을 비롯한 다양한 방법으로 평가하도록 한다. 이러한 평가를 통해 유아 개개인의 발달 수준과 흥미 등을 파악할 수 있으며, 활동과정에서 수집된 자료를 통해 앞으로의 교육계획에 참고할 수 있다. 즉, 어떤 자료를 어느 수준으로 제공할지, 교사가 유아의 활동에 어느 정도, 어떤 방법으로 개입할 수 있을지 등 교수 방법을 결정하는 데 많은 도움이 된다.

2. 효과적인 교수방법 (유아과학교육을 위한 교사 지침)

교사 중심의 설명 및 지시적 유형의 교수법보다는 구성주의에 기초한 교수방법이 개별 유아의 사고구조에 기초하여 스스로 지식을 구성하고 유아 주도의 직접적 경험과 자료탐색을 통한 지식형성 및 사고를 자극할 수 있는 교수법이 효과적임을 여러 연구(김경숙, 2002; 나명숙, 2002; 박경자, 2000; 박영란, 1999; 유경숙, 1999; 이장희, 2001)들은 말하고 있다.

과학교육을 위해 교사들이 활용할 수 있는 상호작용을 위한 지침을 제안해 보면 다음과 같다.

효율적인 소집단 활동

소집단 활동은 일반적으로 구성 인원(2~8명의 학습자) 사이의 효과적인 상호작용 및 토론을 고취시키고자 하는 방법으로서 유아-교사 간의 상호작용의 질을 높일 수 있을 뿐 아니라 유아에게 있어 대인관계 기술, 문제해결 기술, 의사결정 기술, 비판적 사고 기술을 익히고 바람직한 태도 등을 개발할 수 있는 성과를 얻을 수 있다. 이를 위해 교사들은 소집단 활동의 특성을 살릴 수 있는 환경(교실 구조 등)을 구성하여야 하며, 활동에 참여하는 유아의 능동적인 참여를 위한 자료(충분한 개수)가 준비하여야 한다. 또한 교사는 소집단 활동의 목적을 명확하게 인식하고 모든 유아들과 상호작용하며, 유아-유아 간의 상호작용을 격려한다.

소집단 활동에 적극적으로 참여하지 못하는 유아에 대해 배려하고 유아의 능력을 보완하기 위한 학습활동을 계획하여야 한다. 소집단 활동 시 유발되는 생산적인 소음을 수용하여 각 소집단 활동에서 획득한 정보와 활동을 공유할 수 있는 기회를 제공하도록 한다.

인지적 갈등 유발

유아가 인지적으로 갈등을 느끼게 되면 자발적인 탐색과 발견에 의해 지적 성장을 하게 될 뿐만 아니라 문제해결 능력이 발달한다. 따라서 교사는 의도적으로 인지 갈등을 유도할 필요가 있다.

인지적 갈등을 유발하기 위해 활동을 계획하기 전에 유아를 관찰하고, 그들의 질문을 분석하고 이전의 과학적 경험을 조사한다. 또한 유아의 흥미와 사전 경험에 기초하여 주제를 선정하고, 활동을 계획하여 필요한 자료와 도입방법을 생각해 둔다. 충분히 자료를 관찰하고 탐색할 수 있는 기회를 허용한다. 유아의 지적 갈등이나 호기심을 불러일으킬 수 있는 질문이나 문제를 제공한다. 실험결과를 중심으로 서로 비교해 보고 자신의 아이디어와 결론짓기, 토의하기, 실험 결과에 대해 이야기하고 다른 이야기를 들어본다.

스캐폴딩

스캐폴딩(scaffolding)이란 유아보다 유능한 수준의 성인이나 또래가 유아의 근접발달지대 내에서 안내와 도움을 제공하여 유아의 학습에 도움을 줌으로써 인지적 향상을 꾀하도록 발판 역할을 하는 체계를 말한다.

스캐폴딩에 의한 학습이 성공하기 위한 전략들을 살펴보면 다음과 같다.

첫째, 공동의 문제 해결을 요구하는 활동이어야 한다.

둘째, 상호 주관성(intersubjectivity)을 찾아가는 과정이어야 한다.

셋째, 교사가 따뜻하게 반응해 주어야 한다.

넷째, 유아를 근접발달지대 내에 머물게 해야 한다. 유아의 현재 요구와 능력에 맞도록 성인의 개입 양을 조절해 준다.

다섯째, 자기 조절을 점차 증진시켜 간다. 성인의 조절과 도움을 점차 줄이고 유아 스스로 수행할 수 있는 부분을 점차 늘려간다. 유아는 자기 조절을 하는 과정에서 혼잣말을 하며, 이를 잘 관찰하면 그의 목표와 계획의 어려움에 관한 정보를 얻을 수 있으며, 이에 맞춰 도움과 안내를 할 수 있다.

협동학습

협동학습이란 소집단을 구성하는 모든 구성원들이 주어진 학습과제나 학습목표를 공동으로 노력하여 달성하는 수업방법이다. 협동학습은 학습 참여를 높이도록 한다. 협동집단의 학습자들은 개인적인 환경의 학습자들보다 학습활동에 더 능동적으로 참여하는 것으로 나타났다. 또한 집단 응집력이 강해진다. 협동 학습은 자신뿐 아니라 다른 구성원 모두의 성취에 관심을 갖도록 하여 서로 강한 연계와 연결을 가지게 한다. 따라서 교사는 협동학습이 원활하게 이루어질 수 있도록 계획하고 실행하여야 한다.

발견적 접근

유아들이 여러 가지 과학적 과정을 활용해 문제해결을 해보는 방법이 바로 발견적 과학교육으로 탐색 – 고안 – 발견의 과정이 순환된다.

발견적 과학교육의 운영을 위해 교사는 다양한 감각 사용을 강조한다. 구체적 사물을 제시하고 자유롭게 감각을 사용할 수 있도록 한다. 실험에는 모든 유아들이 직접 참여할 수 있도록 기회와 시간을 골고루 준다. 결과보다는 과정에 초점을 두도록 하며, 실수를 수용해 주고 새로운 시도를 격려해 줌으로써 탐구 의욕을 북돋워 준다. 또한 교사 자신이 주변 환경에 대해 항상 흥미와 관심을 보여줌으로써 탐구모델이 되도록 한다.

실험적 접근

실험은 새로운 사실을 발견하거나 이미 알려진 지식을 예증하기 위한 활동이며, 가설을 검증하기 위한 조작활동이다. 과학적 지식에 대한 이해, 태도, 기술을 함양시키는 과학교육에서 핵심적인 필수과정이다. 효과적인 실험학습을 위해 교사는 유아의 수준을 고려한 실험을 선택하며, 선택된 실험은 유아에게 제공되기 전에 반드시 교사가 사전 실험한다.

가설은 점차적으로 유아가 설정하도록 한다. 처음 실험의 경우 대체로 교사가 가설을 설정하기도 하지만 차츰 가설 설정도 유아가 하도록 한다. 실험의 과정에서 유발될 수 있는 불의의 안전사고에 대비한다.

과학은 유아가 의문을 품는 것이다. 유아가 의문을 가진 것에 대하여 실험을 하여 도출한 결론과 그 결론에 대한 이유를 정당화하는 상호작용은 과학활동의 본질이다.

3. 과학활동의 상호작용 방법

유아들은 직접적인 활동과 적극적인 참여를 통하여 과학의 개념이 쉽게 이해된다. 그러므로 이러한 능동적인 탐구활동을 교사와 유아 간의 상호작용을 통하여 과학의 과정들을 소개하고 격려해야 한다.

관찰하기

관찰하기는 과학활동에서 매우 기초적이고 직접적인 활동으로 유아가 주의 깊게 집중을 하도록 해야 한다. 그러므로 눈, 코, 입 등 다섯 가지 감각을 모두 사용하여 물체의 변화와 사건의 발생을 탐색하고 기술해야 한다. 이때 도구를 사용하여 물체의 특징과 변화를 관찰하고, 관찰한 것을 그림으로 그리거나 기록하는 행동을 관찰이라고 한다.

상호작용의 예

- 이 그릇이 어떤 모양으로 생겼니?
- 이 물이 어떤 색깔이지?
- 온도계의 빨간 선이 어떻게 되고 있니?
- 통 속의 물이 어떻게 되었니?

비교하기

여러 가지 물체의 크기나 모양, 색, 성질 등의 유사점과 차이점을 다섯 가지 감각을 이용하여 비교하는 행동을 의미하는 것으로 비교한 것을 기록하거나 그림, 그래프 등 다양한 방법으로 표현할 수 있다.

상호작용의 예

- 제일 큰 통이 어느 것이니?
- 우리 교실에서 가장 큰 물체는 어떤 것이니?
- 어느 쪽의 배가 빨리 지나가니?
- 자갈과 모래 위의 물 중 어느 것이 더 많을까?

분류하기

여러 가지 물체나 다양한 정보 혹은 유아들이 수집한 사물을 특정한 준거를 사용하면서 유사점과 차이점에 따라 나누는 과정이다. 즉, 유아가 여러 가지 물체와 정보를 수집하는 행동, 준거를 사용하거나 혹은 준거 없이 임의대로 분류하고, 분류한 것을 기록하는 행동을 의미한다. 과학에서는 분류란 임의대로 물건, 사건 등에 다양한 기준을 정하여 여러 가지 방법으로 적용할 수 있는 것이다.

상호작용의 예

- 물에 녹는 것과 녹지 않는 것에는 어떤 것이 있을까?
- 물에 뜨는 것과 가라앉는 것에는 어떤 것이 있을까?
- 차가운 음식에는 어떤 것이 있을까?

의사소통하기

과학활동을 하는 동안에 의사소통은 언어적, 비언어적인 방법을 통하여 다른 사람에게 정확한 정보를 전달하는 활동이다. 이러한 활동들은 문자, 그래프 및 그림뿐만 아니라 신체적인 표현 등을 통해서도 이루어질 수 있다.

상호작용의 예

- 네가 재어본 길이를 그래프에 표시해 볼까?
- 그 물의 무게를 도표에 표시할 수 있겠니?
- 과학캠프를 하는 동안에 얼음이 녹는 모습을 그림으로 표현해 볼 수 있을까?
- 현장견학에서 관찰한 것을 그림으로 나타내 볼 수 있을까?

실험하기

실험하기는 유아가 예측한 것을 직접 조사해 보는 행동으로 자료와 환경 및 도구를 현재 상태에서 물리적 힘을 가하거나, 만지거나, 조작하거나, 또는 다른 요소들을 첨가, 제거하면서 실험을 해 보는 것이다. 유아들은 실험을 하기 위해 직접 만져 보거나, 열을 가해 보거나, 물리적인 힘을 가하거나, 다양한 자료들을 섞어 보기도 하면서 실험을 할 수 있다.

상호작용의 예

- ~을 가지고 어떤 것을 할 수 있을까?
- 모양이나 색깔을 바꿀 수 있다면 어떻게 하겠니?
- 각각 다른 재료가 사용된다면 어떤 일이 생길까?
- 페트병을 흔들면 물이 어떻게 될까?
- 멀리 떨어지는 물을 만들려면 어떤 방법이 있을까?

창안하기

자신의 창의력과 상상력을 발휘하여 새롭고 특이한 생각을 표현하면서 직접 시도해 보는 다양한 과학활동을 모두 포함하며, 과학하는 데 있어서 기본이 되는 중요한 활동이라고 할 수 있다. 유아들은 새로운 것을 창안해 내려고 자신이 경험한 내용과 갖고 있는 지식을 총동원하여 이러한 내용들을 종합하고 분석하면서 이를 토대로 새로운 생각들을 이끌어 낸다. 새로운 물건을 창안해 내기 위해서 유아가 보고 들었던 경험과 물건에 관한 지식을 동원하여 참신한 물건으로 재창조하기 위한 시도를 할 것이며 이것이 바로 과학발명의 시초라고 할 수 있다.

상호작용의 예

- 물, 호스 등과 같은 물건을 이용해서 새로운 물건을 만들어 보겠니?
- 폐품을 이용하여 만들 수 있는 물건에는 무엇이 있을까?
- 무게를 달아야 하는데 저울이 없을 때 무게를 잴 수 있는 방법이 무엇일까?
- 더 편리한 샤워기를 만들려면 무엇이 더 필요할까?
- 아주 큰 배를 만들려면 어떻게 해야 할까?

3장

유아과학교육과 환경

3장 유아과학교육과 환경

현대 유아과학교육의 목표는 유아들이 일상생활 속에서 주변 세계에 대한 과학적 지식과 정보를 습득함으로써 과학적 소양을 갖추는 데 있다. 과학적 소양을 갖추기 위해서는 호기심을 자극해 주고 질문을 존중하며 탐색활동을 격려해 주어야 한다. 유아들에게 과학 환경은 값비싼 시설이 되어 있는 실험실을 필요로 하는 것은 아니다. 유아 주변의 세계에 대해 직접적으로 탐색할 수 있는 기회를 제공할 수 있는 곳이면 충분하다. 유아들이 주변에 관심과 호기심을 갖고 탐색하려는 마음을 가질 때 어디에서든지 효과적인 활동이 이루어질 수 있기 때문이다(권영례, 2002). 또한 과학환경은 물체의 특성 및 변화, 동식물의 변화과정, 주변 환경 등을 관찰하고 탐구할 수 있는 환경적인 요인과 다른 영역과의 통합을 고려하여 계획, 실행되어야 한다.

교사는 유아를 위한 과학활동이 우발적인 유아의 질문에 의해 이루어지든 교사의 계획에 의해 이루어지든 상관없이 유아들의 과학적 탐구에 대한 흥미를 유발하고 유아가 활동에 몰입할 수 있도록 풍부한 자료의 구비와 신중하게 계획된 환경을 준비해 주어야 한다. 유아들은 성인에 의한 설명을 듣고 사실을 단순히 기억하기보다는 일상생활 경험이나 자연현상을 직접적으로 관찰하고 탐색할 때 가장 잘 배울 수 있고 과학 환경의 질에 따라 과학학습의 기회와 내용이 달라지기 때문이다.

과학영역의 정비된 환경과 자료는 교사에게도 큰 도움이 되며 유아의 학습이 보다 효과적으로 일어날 수 있는 조건을 마련해 주는 역할을 한다.

과학교육을 위한 환경으로 유치원의 실내 · 외 환경, 유치원 밖의 자연환경, 지역사회 환경과 과학활동을 위한 자료나 도구 등에 대해 살펴 보고자 한다.

1. 실내 환경

과학영역이란 과학활동을 위한 다양한 교구와 자료, 책 등을 별도로 모아 교실 내에 설치한 곳으로 유아들이 접하게 되는 환경을 생물과 무생물, 물질의 성질, 자연현상으로 나누어 감상하고 탐구, 이해하기 위한 활동들이 이루어지는 곳이다(이기숙, 2000)

과학영역의 구성원리를 살펴보면 과학영역의 위치는 채광이 잘되고 물과 전기를 쉽게 이용할 수 있는 곳에 설치한다. 과학활동을 위해서는 물과 전기가 필요한 경우가 있으므로 이를 쉽게 이용할 수 있어야 하며, 동 · 식물을 기르는 경우에는 채광이 잘 되고 밝은 곳이 좋다.

또, 유아가 자유롭게 움직이며 여러 가지를 경험할 수 있도록 장소를 배열하여야 하며 불, 유리제품, 요리 기구 등의 다양한 도구들과 물건들을 사용하므로 안전과 응급상황을 대비할 수 있는 장소도 고려되어야 한다.

과학영역은 주제와 통합되어 운영될 수도 있고 별도의 주제에 따라 운영될 수도 있기 때문에 융통성 있게 구성되어야 한다.

과학영역은 계절과 생활주제에 따라 변화 있게 운영되므로 주제 전개상황에 따라 환경의 변화를 주어 유아의 흥미와 관심을 유도할 수 있도록 해야 한다. 즉 과학영역의 주제에 따라 관련 자료를 바꾸어 전시하며, 준비한 자료는 생활 주변에서 흔히 볼 수 있으면서 유아의 관심과 호기심을 유발하는 것이어야 한다.

과학영역에 제시된 풍부한 자료들은 관찰과 탐색을 자극하는 역할을 하며, 과학활동을 위해 잘 준비된 환경은 유아로 하여금 일찍부터 과학적 태도를 형성하게 된다. 따라서 교사는 유아들이 스스로 활동을 할 때 자료나 교재 · 교구를 배치해 주고 유아에게 친숙하지 않은 자료를 소개하고 탐색을 계속하도록 필요한 교구를 제공해 주어 유아의 개념형성을 돕고 호기심을 지속시켜 나가야 한다.

2. 실외 환경

유아과학교육을 위해서는 실내환경뿐 아니라 다양한 환경을 접하도록 해주는 것이 필요하다. 실내의 과학활동이 유아에게 간접적인 경험을 제공하는 데 비해 실외활동은 유아가 사물을 직접적으로 만져보고 느껴보는 살아있는 경험을 제공한다.

유치원의 실외환경은 식물을 심어 가꾸거나 연못을 조성하는 등 식물, 곤충과 벌레 등 생물의 생태계에 대해 학습할 수 있도록 하며 동물사육장을 이용하여 동물에 대한 특성도 알게 한다. 또한 놀이터의 모래, 시소, 그네, 자전거 등의 놀이기구를 통한 물리적 지식활동은 유아들이 놀이를 통하여 균형, 굴리기, 밀기, 흔들기, 속도 등의 물리적 지식을 자연스럽게 터득하고 구성하도록 돕는다. 즉 유치원의 풍부한 실외환경은 과학교육의 기초를 습득할 수 있게 하며 생태계의 이해를 통한 자연을 사랑하는 마음도 갖게 한다.

1) 지역사회

유아과학교육의 장으로서 지역사회 환경을 적극 활용하는 것은 의미 있는 일이다. 교사는 유아의 과학적 탐구심을 길러주기 위해 유아의 사회문화 환경을 활용한 과학시설 등의 견학을 통하여 과학개념을 촉진시켜 줄 필요가 있다. 지역사회 환경으로는 박물관,

동물원, 식물원, 수족관, 공장, 발전소, 시장, 농장, 양계장, 양어장, 방송국, 전화국, 기상대 등이 있다.

교사는 유아의 호기심을 자극하고 스스로 물체의 특성 및 변화, 주변 환경 등을 관찰하고 탐구할 수 있도록 다양한 물적 환경을 제공해 주어야 한다.

2) 자료와 도구

유아과학교육 활동을 활성화하기 위해서 교사는 유아들이 관찰하고 조작해 볼 수 있는 다양한 과학적 자료를 제시해 주어야 한다. 유아를 위한 과학자료는 유아의 흥미를 유발시키고, 활동을 통해 탐구하게 하고, 지식과 경험을 확대시킬 수 있는 주변의 모든 것을 사용할 수 있다. 주변에서 쉽게 구할 수 있는 것이나 교사가 직접 제작한 것 또는 상품화된 것 등으로 활동의 주제에 맞게 적절하게 제시되어야 하며, 유아의 흥미를 끌도록 매력적으로 구성하고 유아가 직접 사용할 때 위험하지 않아야 한다.

자 료

과학활동을 구체화하기 위해서는 실제적인 자료가 풍부하게 활용되어야 한다. 그러나 현실적으로 직접적 경험이 가능하지 않을 때나 지속적이고 장기적인 변화과정을 제시해 주어야 할 때, 전문적인 과학 기술이 필요한 경우 그림, 사진, 책, 시청각 자료와 같은 자료를 사용한다. 이러한 자료들은 과학적 현상에 대해 유아가 흥미를 갖도록 유도할 수 있으며, 과학개념을 이해하는 데 보다 쉽게 접근할 수 있도록 한다.

- 그림, 사진자료, 책 – 흥미 있는 특수한 과학 제목에 관련된 책이나 자연에 관한 잡지, 주제에 관련된 동화책, 식물에 관한 책, 동물에 관련된 그림책, 여러 가지 사진자료, 교사가 과학과 관련되는 주제에 대해 찍은 사진, 신문, 견학지에서 얻은 홍보물, 인터넷에서 찾은 과학정보 등
- 시청각 자료 – 여러 가지 녹음자료, 견학이나 관찰시 촬영한 슬라이드, 필름 스트립, 다양한 악기 자료, 영상매체 및 기자재, 컴퓨터의 소프트웨어, 비디오 자료 등

도 구

과학활동을 할 때나 유아가 직접 구체적인 사물을 가지고 활동할 때 어떤 구조를 형성할 수 있기 때문에 실물을 직접 탐색할 수 있도록 도구들을 마련해 주는 것이 필요하다. 유아는 현실에서 스스로 사물을 다루어봄으로써 물리적 지식, 논리 · 수학적 지식을 발달시킬 수 있다. 유아들에게 어디에서나 쉽게 볼 수 있는 종이조각, 돌, 나무, 고무 등과 같은 친숙한 자료와 도구들은 과학교육을 위해 가치 있고 의미 있는 경험을 주는 데 효과적일 수 있다.

다양한 활동을 위한 도구들

일반적 도구	확대경, 콤파스, 프리즘, 집게, 거울, 돋보기, 여러 종류의 드라이버, 장도리, 여러 종류의 플라스틱 용기, 손전등, 절구, 스포이트 등
측정도구	온도계, 저울, 자, 줄, 타이머, 플라스틱 비커, 플라스틱 눈금실린더, 모래시계 등
미술도구	가위, 샐로판 테이프, 필기구(연필, 색연필, 사인펜, 붓 등), 종이(색종이, 도화지, 한지, 포장지 등), 끈, 반죽을 위한 것(밀가루, 찰흙, 지점토 등)
요리도구	계량 컵, 계량 스푼, 저울, 요리용 시계, 절구와 방망이, 채반 등
특수도구	현미경, 망원경, 카메라, 녹음기, 라디오, 알코올 램프, 삼발이, 삼각 플라스크 등
물리적 지식활동에 필요한 도구	기어, 스위치, 도르래, 바퀴, 추, 지렛대, 블록, 트램펄린, 거울, 손전등, 자석, 빨대 등
일반적 물체	견출지, 클립, 옷핀, 실과 바늘, 고무밴드, 초, 스펀지, 천, 열쇠와 자물쇠, 철, 구리, 주석, 압축된 목재, 톱밥, 자갈, 조약돌, 조개껍질, 코르크 등
그 밖에 필요한 도구	청진기, 화석, 풍선, 바람개비, 분무기, 플라스틱 용기, 새털, 씨앗, 가죽조각 등

과학활동을 위한 도구

플라스틱 비커

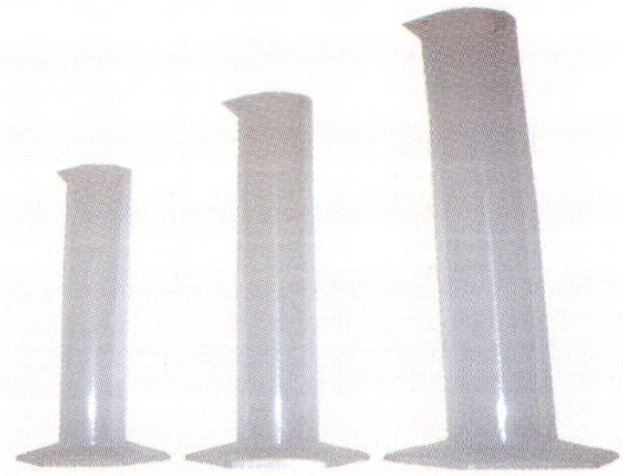

플라스틱 눈금실린더

플라스틱 깔때기

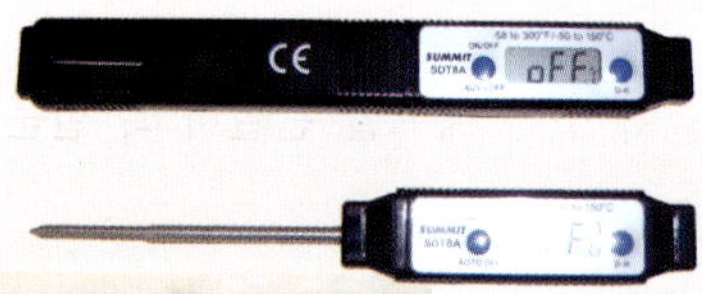

온도계

안전경

알코올 램프

현미경

저울

3. 기록지

과학활동에 대한 진보를 파악하기 위해서는 유아들이 활동한 관찰기록지나 교사와의 대화 등 다양한 방법을 통하여 발달에 따른 진행상태를 평가할 수 있다. 관찰기록지는 유아들이 실험과정, 사용물체, 얻어진 결과물들을 설명하기 위해 그림을 그려 기록하는 보고서이다. 과학영역에서 이루어진 활동의 결과를 기록하여 다른 유아들과 공유하는 가운데 유아들 간의 상호작용이 이루어지며, 유아 주도적인 학습이 고무될 뿐 아니라 관심이 있는 대상물을 자세히 관찰하게 하며 서로의 생각을 나누도록 하여 교육의 효과를 높인다.

따라서 교사는 글이나 그림, 표를 사용하여 기록할 수 있는 기록지와 필기구를 비치하여 유아들이 주변 세계를 관찰하고, 질문하고, 답을 찾고, 결과를 비교하고, 회상하고,

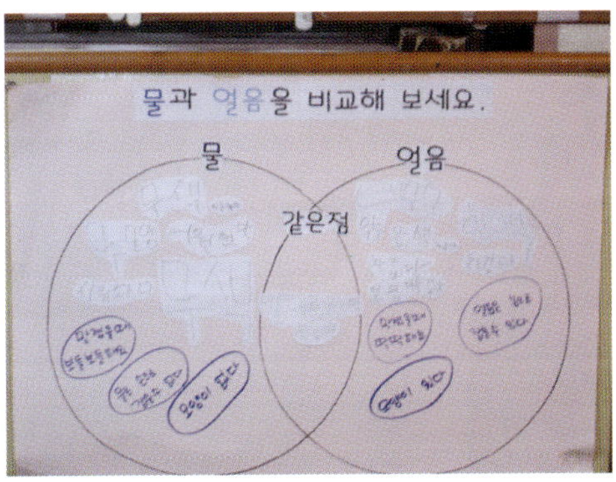

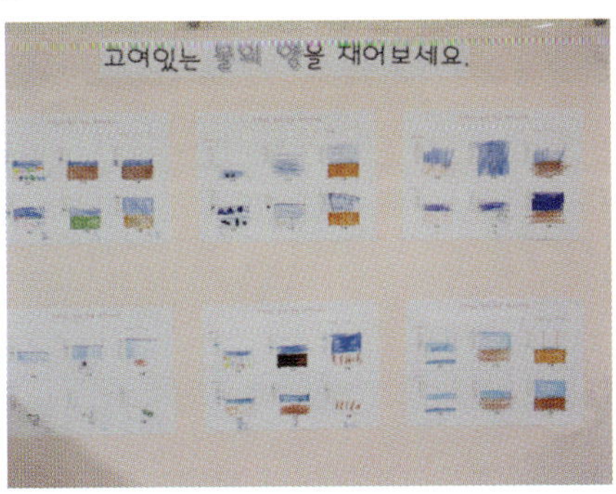

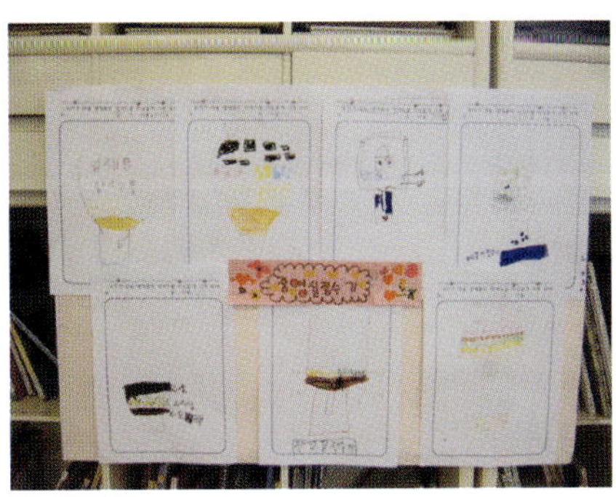

다양한 기록지의 예

기록하는 활동에 지속적으로 참여할 수 있게 도와주어야 한다. 또한 기록하는 데 도움이 되는 표본을 미리 제시하여 주면 유아들은 스스로 기록하는 것에 도움을 받을 수 있다.

과학영역에서 기록용지를 사용할 때 유아가 하나의 정답만을 표현하도록 하기보다 유아의 생각을 다양하게 기록해 보도록 하는 것이 중요하다. 또한 이러한 기록물들은 일지의 형태로 유아 개인이 기록하도록 하는 것도 필요하지만 교실의 벽면에 제시하여 서로의 생각을 공유하며 관찰한 내용에 대해 새로운 개념들을 발견하고 수합할 수 있도록 하는 것도 효과적인 기록지의 사용방법이 될 수 있다.

제 2 부

과학교육 프로그램의 실제

4장

'물' 주제 접근의 이론적 배경

4장 '물' 주제 접근의 이론적 배경

1. '물' 주제 선정의 이유

'물' 이라는 주제는 항상 우리 주변에 있어서 그 의미나 특성에 대해 깊이 있게 탐구해 볼 기회가 매우 적었다. 특히, 여름을 맞이하여 유아들이 물놀이에 다수 참여함으로써 그 흥미가 매우 높았으므로 여름 시기에 과학주제로 다양한 활동과 개념을 새롭게 발견해 볼 수 있는 좋은 주제였다.

또한, 다양한 과학적 개념, 실험이 가능하고, 유아들이 새롭게 발견하고 발명할 수 있는 충분한 가능성이 있는 주제이다. 사실 기존의 여러 문헌 조사를 통해 물에 대한 여러 실험, 활동들을 찾아보았으나 그 내용이 피상적이며, 단편적인 과학적 지식만을 전달해 줄 뿐이므로 보다 심도 깊게 '물' 이라는 주제를 다루어 보는 것이 의미롭게 느껴져 주제로 **물**을 선정하였다.

2. 물의 교육적 가치

물은 자연물로 유아들이 때와 장소에 관계없이 친근감을 가지고 부담 없이 활동할 수 있는 놀이의 대상으로 다양한 교육적 가치를 가지고 있다.

첫째, 물은 유아의 인지발달을 돕는다

유아들은 물을 통해 여러 가지 개념과 지식을 자연스럽게 학습하게 되는데 이를 살펴보면 물의 특성인 투명함, 유동성, 증발 및 수압 등을 알게 된다(이숙재, 1990). 물을 그릇에 담고 쏟는 놀이를 통하여 양의 보존 개념과 측정 능력이 증진되고 물에 뜨는 물체와 가라앉는 물체, 물에 녹는 것과 녹지 않는 것을 분류할 수 있다. 또한 다양한 교구들을 통해 수학적 개념을 형성할 수도 있는데, 비어 있는 것과 가득 찬 것, 많고 적음, 전과 후, 두껍고 얇은, 더 많고 더 적은, 무겁고 가벼운, 분리, 양 등을 들 수 있다. 이 외에도 물의 다양성으로 나타나는 결과의 불규칙성은 유아의 마음을 자극하고 호기심을 발달시키는 데 도움을 준다. 예를 들어 물감을 물에 혼합하여 색깔의 변화를 관찰하거나 물에 소금이나 설탕을 용해시켜서 맛의 변화를 비교할 수 있다. 이러한 실험을 통하여 호기심과 탐구력이 향상될 뿐만 아니라 문제 해결 능력을 촉진시키는 원동력이 되며 더 나아가 새로운 발견학습으로 유도될 수 있다(지성애, 1986).

둘째, 물은 유아의 정서발달을 돕는다

형태가 정해져 있지 않으며 저항이 거의 없는 매끈한 감촉을 주기 때문에 유아가 물을 가지고 놀면서 불안이나 불만, 긴장 및 공격적 성향 등이 발산, 해소되어 정서적 안정감을 갖게 된다(이숙재, 1990). 또한 실험도구들과 물을 자유롭게 가지고 실험하는 가운데 성취감과 만족감을 느낄 수 있다.

셋째, 물은 유아의 사회성발달을 돕는다

물을 이용한 실험을 통해 유아들은 서로 도구들을 나누어 갖고, 생각을 교환하는 많은 기회를 가질 수 있기 때문이다. 물을 통한 탐색은 유아들에게 사회적 관계를 위한 좋은 장소를 제공해 주면서 물을 가지고 자유롭게 실험하는 가운데 보다 개방된 사고를 가질 수 있도록 돕는다. 유아들은 이 공간을 공유하면서 사회적 적응을 위한 학습을 할 수 있으며, 협동하는 태도를 기를 수 있다.

넷째, 물은 유아의 언어발달을 돕는다

물을 통한 실험에 사용되는 구멍 뚫린 체, 깔때기, 흐른다, 구멍 등의 단어들을 자연스럽게 쓰고 익히면서 어휘력을 늘리고 자신들을 보다 구체적으로 표현할 수 있게 한다

(Crosser, 1994). 박진옥(1985)에 의하면 여러 가지 놀잇감을 사용하면서 '뜨다, 붓다, 흐르다, 쏟아지다, 엎지르다, 담다, 녹이다' 등의 동작과 상태에 대한 어휘들도 익히게 된다고 하였다. 또한 자신의 생각과 느낌을 말로 표현해 보고 다른 유아와 의사소통을 하고 교사와 직접적인 대화를 통해서도 자연스럽게 물을 통해 언어 발달을 할 수 있다.

다섯째, 물은 유아의 신체발달을 돕는다

유아는 물을 통한 실험을 하면서 물을 휘젓고, 퍼 올리고, 붓고, 운반하는 등 대근육운동을 한다, 유아들이 물통을 들거나 스펀지를 사용함으로써 대근육을 사용하고, 물기를 닦기 위해 걸레질을 하는 것, 물 튀기기 또한 신체발달을 돕는다. 또한 대근육발달뿐만 아니라 물을 병이나 깡통에 붓고, 다른 그릇에 옮기는 활동을 하면서 손목과 손가락 운동 및 눈과 손의 협응력 등 소근육발달이 증진된다. 시험관에 깔때기를 맞출 때, 스포이트를 다룰 때, 물을 쏟아 부을 때, 스펀지 짜기 등은 소근육발달을 돕는다.

그 밖에 물은 유아가 감각기능을 발달시킬 수 있는 좋은 기회가 된다

즉 물을 만지고 튀기면서 다른 물질과는 다른 촉각을 감지하게 되고 물이 흐를 때 생기는 소리, 용기에 넣고 흔들 때 생기는 소리를 들으며 청각 변별력 또한 발달시킬 수 있다.

이상의 논의를 정리하자면, 유아들은 물을 통해 여러 가지 개념과 지식을 자연스럽게 학습하며 물의 특성상 유아의 정서발달을 도와 정서적 안정감을 갖게 하는 데 도움이 된다. 또한 유아들은 물을 통해 또래들과 함께 놀잇감을 사용하며 서로 협동하는 기회를 가짐으로써 사회적 적응력을 촉진시킬 수 있다. 유아들은 물을 가지고 놀면서 대 · 소근육뿐만 아니라 여러 감각기능을 발달시킬 수 있다. 이와 같이 물을 매개체로 활용하여 유아의 인지발달, 정서발달, 언어발달, 사회성발달, 신체발달을 도울 수 있다는 것을 알 수 있다.

3. 물의 과학적 개념

- 물은 힘을 가하면 움직인다.
- 물은 위에서 아래로 흐른다.
- 물은 일정한 빠르기를 가지고 있다.
- 물은 누르는 힘을 가지고 있다.
- 물은 밀어 올리는 힘을 가지고 있다.
- 물의 높이에 따라 물의 세기가 달라진다.
- 물의 세기에 따라 밑에서 받는 힘이 달라진다.
- 물은 높은 곳에서 낮은 곳으로 떨어지면서 힘이 생긴다.
- 물체 중에는 물에 뜨는 것도 있고 가라앉는 것도 있다.
- 물체의 크기에 따라 물에 뜨는 정도가 달라진다.
- 물체의 무게에 따라 물에 뜨는 정도가 달라진다.
- 물은 온도에 따라 변한다.
- 물은 고체, 액체, 기체의 상태로 변한다.
- 물의 고체(얼음), 액체(물), 기체(수증기)의 상태에 따라 특징이 다르다 - 부피, 온도, 무게, 느낌 등.
- 물에 녹는 물질도 있고, 녹지 않는 물질도 있다.
- 물은 오염될 수 있다.
- 생활하수(비눗물, 세제 등), 공업하수(기름, 휘발유, 각종 폐수 등)는 물을 오염시킨다.
- 물을 보호할 수 있는 다양한 방법이 있다.

5장

'물'에 대한 발견의 과정

5장 '물'에 대한 발견의 과정

1. 물의 흐름

1) 고인 물과 흐르는 물(밀도에 따른 물의 이동)

실험도구 탐색

실험도구

자갈, 모래, 묽은 점토(진흙), 원통형 투명통 3개, 물, 투명 눈금실린더 3개, 자, 돋보기, 실험 관찰지

이 실험은 유아들과 물의 흐름의 영향을 미치는 요소인 수로면의 구성밀도에 대해 알아보는 활동으로, 유아들이 토양의 대부분을 차지하는 진흙과 모래, 자갈의 특성을 비교해 볼 수 있도록 투명한 통을 준비했고, 각각에 물을 넣었을 때를 바로 눈으로 측정해 볼 수 있도록 했다. 또한 알갱이의 크기를 보다 세밀하게 관찰할 수 있도록 돋보기를 준비하고, 본 실험 외에도 유아들이 자유롭게 실험도구들을 탐색할 수 있도록 풍부한 양의 자갈과 모래들을 배치했다.

발견실험 활동지

고여 있는 물의 양을 재어 보세요.

_______ 조 이름 : __________

▶ 예측하기

자 갈

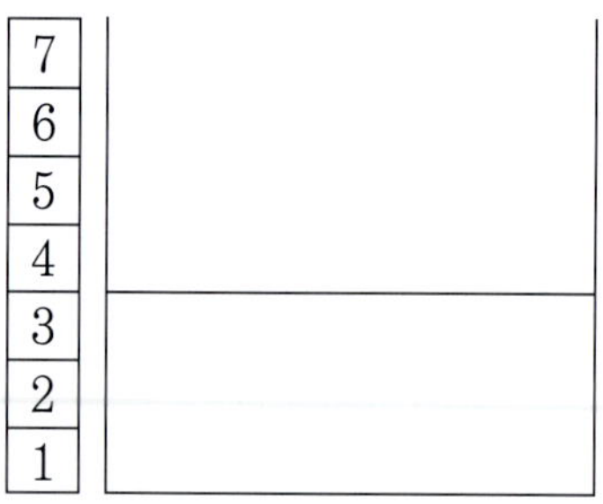

모 래

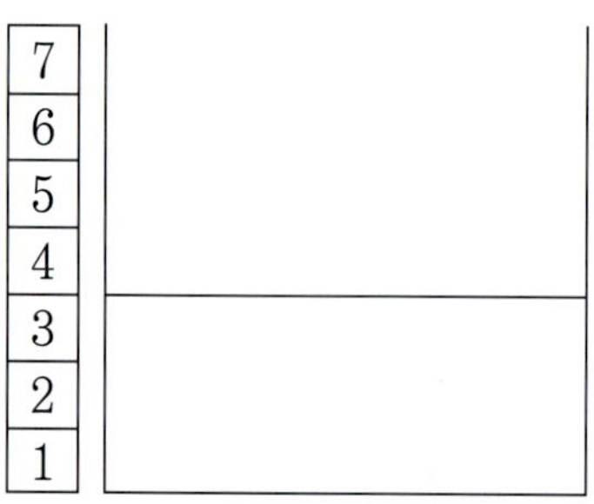

진 흙

▶ 실험하기

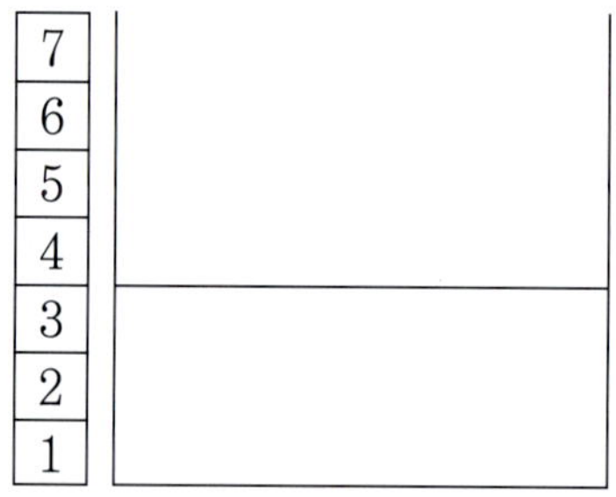

자 갈

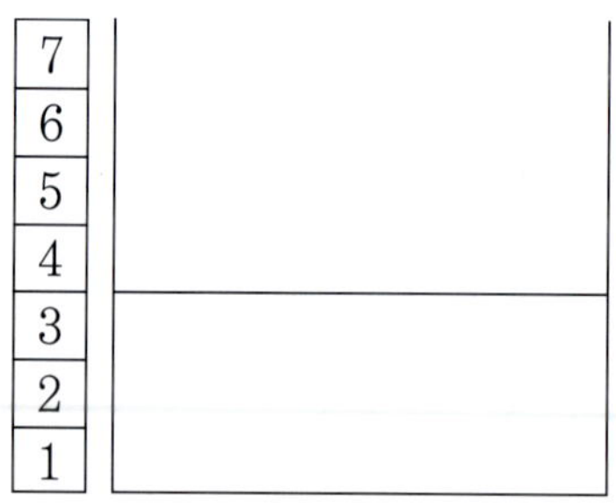

모 래

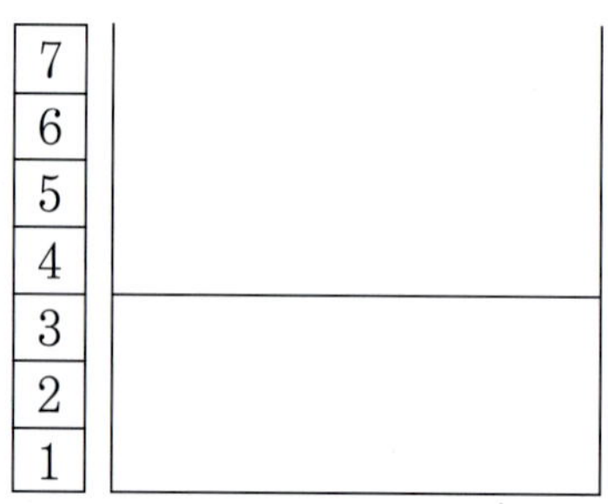

진 흙

발견실험 내용

물이 지나가는 접촉면의 구성밀도에 따라 흐르는 물의 퇴적량이 달라진다는 것을 알아보기 위해 계획된 이 실험은 물의 흐름에 대한 서로의 생각을 나누면서 활동이 시작되었다. 우선 물은 높은 곳에서 낮은 곳으로 흐른다는 개념을 알기 위해 물이 흐르는 모습을 본 경험에 대해 이야기를 나누어 보았다. 유아들은 각 가정의 부엌과 화장실, 욕실 등에서의 샤워기나 수도꼭지에서 물이 나오는 것을 본 경험이 가장 많았는데 이 이야기들을 토대로 우리가 보았던 물이 결국 어디로 흐르는 것인지, 즉 어디로 도착하는 것인지에 대해서도 확장시켜 생각할 수 있게 되었다.

교사 : 자, 너희들은 호스에서 물이 나온 모습을 본 적이 있다고 했는데 그렇다면 물이 결국 어디로 떨어졌니?

유아들 : 아래로요. / 땅으로. / 모래 바닥으로요. / 구멍으로요.

교사 : 그래. 우리 친구들 말대로 물은 높은 곳에서 아래쪽으로 흐르고 있어. 그렇다면 땅의 아래쪽으로 내려온 물들은 어떻게 될까?

유아 1 : 땅 속에 들어가요.

유아 2 : 그대로 있어요.

유아 3 : 하늘로도 올라가요.

유아 4 : 햇빛 때문에 물이 없어져요.

교사 : 그래, 방금 ○○가 말한 것처럼 물이 햇빛과 열의 영향으로 공기 중으로 흡수되기도 하는데 이것을 조금 어려운 말로 '증발'이라고 한단다. 그럼 증발되지 않는 물은 어떻게 될까?

유아 4 : 강물이 돼서 바다로 가요.

유아 2 : 계속 물이 땅에 있어요.

유아 1 : 짐승들이 먹으러 와요.

유아 2 : 우리도 먹어요.

유아 3 : 땅 속으로 들어가요.

교사 : 친구들의 이야기가 모두 맞아. 너희들의 말처럼 물은 우리가 서 있는 땅 속으로 들어가게 돼. 자, 이제부터 우리 물이 땅 속에 들어가는 이야기를 조금 더 해 볼까?

물의 도착점인 땅의 상태와 밀도가 다를 수 있음을 알아보고 자갈이 많은 경우와 모래가 많을 경우 진흙이 많은 경우를 비교 실험해 보았다.

교사 : 자, 우리가 흔히 땅이라고 말하는 곳은 무엇으로 이루어져 있을까? 앞마당의 경우를 생각해 보자.

유아들 : 모래요. / 흙도 있어요.

교사 : 맞아. 하지만 원래 흙이란 큰 돌이 시간이 흐르면서 바람과 물의 영향을 받아 자갈 → 모래 → 흙 순서로 보다 작고 고르게 변한 것이란다. 그렇다면 물이 자갈이나 모래 그리고 흙 등으로 들어간다는 이야기인데, 이때 땅 속으로 모든 물이 들어갈 수 있을까?

유아 2 : 아니요.

유아 1 : 네!

교사 : '아니요' 라고 답한 ○○가 그렇게 생각한 이유를 말해줄 수 있겠니?

유아들 : 물이 하늘로 올라가니까요. / 물이 없어지기도 해요.

교사 : 맞아. ○○ 말처럼 물은 마를 수도 있고, 증발되어 공기 중에 흡수되어 없어지기도 하지. 그렇다면 없어지지 않은 물은 어떻게 될까?

유아들 : 땅 속에 들어가요. / 웅덩이처럼 모여 있어요.

유아 3 : 땅 위에 그대로 있기도 해요.

교사 : 맞아. 그렇다면 너희들의 이야기를 직접 눈으로 직접 알아보도록 하자. 이제부터 땅으로 떨어지는 물이 이 땅의 상태에 따라 언제 땅 속으로 들어가는지, 또 언제 땅 위에 고여 있는지를 실험해 보도록 하자. 우선 너희들이 예상한 것을 먼저 종이에 적어보고, 실험결과를 보고 난 후에 결과와 비교해서 알아볼까?

실험 전 유아들은 실험관찰지에 있는 예상하기 부분에 자신들이 추측한 결과를 적어 본 후 실험을 실시했다.

교사 : 우리 앞에 놓인 투명한 통 속에 무엇이 들어있니?

유아 1 : 모래랑 흙이랑 자갈이요.

교사 : 먼저 각각의 모래와 흙, 자갈을 한번 만져 보고 색이랑 냄새도 한번 맡아볼까?

(유아들은 모래, 흙, 자갈을 만져보고 색깔을 비교해 보았다.)

교사 : 알갱이의 크기는 어때?

유아 1 : 자갈이 제일 커요.

유아 2 : 흙하고 모래는 크기가 비슷해요.

유아 1 : 흙이 모래보다 더 작아요.

유아 3 : 자갈이 모래보다 커요.

유아 4 : 진흙하고 모래는 작아.

돋보기를 통해 알갱이의 크기를 비교해 본 우리는 알갱이의 크기가 자갈> 모래> 흙 순이라는 것을 알 수 있었다. 이윽고 물을 부어 쌓이는 물의 양을 비교해 보았다.

교사 : 자, 물의 양을 모두 재어 봤는데 모두 양이 똑같니?

유아들 : 아니요.

교사 : 자, 어느 쪽 물의 양이 가장 많니?

유아 1 : 진흙이 가장 많이 남았어요.

교사 : 그럼 가장 작게 물이 담긴 통은?

유아 2 : 자갈통 물이 제일 없어요.

교사 : 그렇구나. 그러면 왜 자갈통은 물이 적게 쌓였을까?
각각의 통을 한번 자세히 살펴볼까?

유아 1 : 자갈 아래쪽에 물이 많이 보여요.

유아 2 : 진흙에는 물이 거의 안 내려왔어.

유아 3 : 모래에도 물이 조금 보여요.

유아 6 : 모래가 물에 섞였어요.

유아 4 : 진흙도 물색이 변했어.

유아 5 : 진흙통 아래에는 물이 거의 없어요.

교사 : 그래. 우리 친구들이 아주 잘 발견했어. 그렇다면 왜 자갈통에는 물이 아래로 많이 쌓였고 반대로 진흙통에는 물이 적게 쌓였을까? 한번 생각해 보자.

발견실험 결과

물의 도착지점 밀도에 따라 물이 땅 위로 쌓이는 양에 차이가 있음을 보고, 밀도란 일정한 공간 속 알갱이들 간의 구멍의 크기에 영향을 받는 것이라는 사실을 알아보았다.

교사 : 우리 알갱이들을 다시 한 번 꺼내볼까?

유아 2 : 자갈이 알갱이가 제일 컸잖아요.

유아 1 : 알았다! 알갱이가 크니까 물이 잘 내려오는 거예요?

교사 : 그래. ○○ 말처럼 이렇게 알갱이들 크기가 다르기 때문에 물이 아래로 내려오는 양이 다르단다. 바로 이 알갱이들이 함께 들어가 있을 때 생기는 틈, 즉 구멍의 크기도 달라지기 때문이지. 한번 생각해 봐. 구멍이 큰 쪽과 알갱이가 작아 구멍이 거의 없는 편편한 면 중에서 어느 쪽이 물이 더 잘 빠질까?

유아 4 : 구멍이 큰 쪽이요.

유아 2 : 진흙이랑 모래는 구멍이 작으니까 물이 윗쪽에 많아.

유아 3 : 모래도 구멍이 작으니까 물이 작게 있어.

교사 : 바로 그거야. 그래서 이렇게 물이 쌓인 결과가 모두 다르게 나온 거란다.
그러면 이제 실험관찰지에 우리가 본 결과를 표시해 보고 처음에 너희들이 생각한 것과 어떻게 다른지 한번 살펴볼까?

실험관찰지에 예측하기와 실험하기를 기록해 봄으로써 유아들은 자신의 처음 생각과 실험 결과를 바로 비교해 볼 수 있었다. 다양한 방식으로 자갈과 모래, 흙의 알갱이를 표시한 유아들은 쌓인 물의 양을 각각 다르게 색칠하면서 토양의 성분 밀도, 즉 토양에 자갈과 흙, 모래가 어느 정도 섞여 있느냐에 따라 퇴적된 물의 양이 달라진다는 것을 다시 한 번 알 수 있었다.

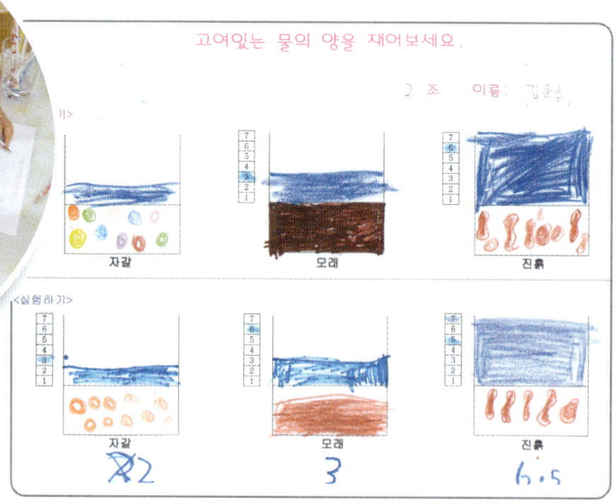
고여있는 물의 양을 재어보세요.
2 조 이름:
<실험하기>
자갈
모래
진흙
2
3
6.5

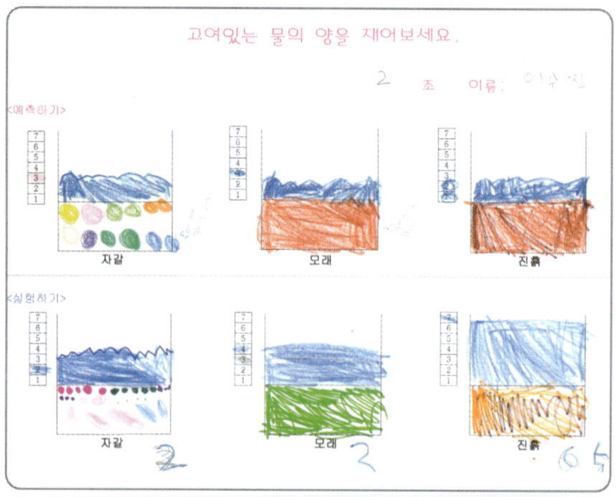
고여있는 물의 양을 재어보세요.
2 조 이름:
<예측하기>
자갈
모래
진흙
<실험하기>
자갈
모래
진흙

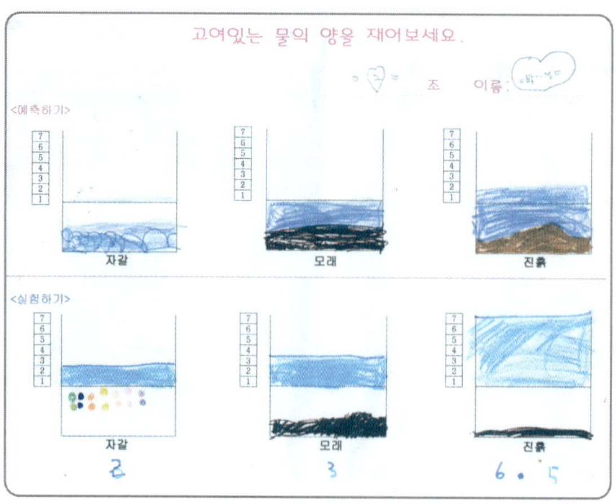
고여있는 물의 양을 재어보세요.
조 이름:
<예측하기>
자갈
모래
진흙
<실험하기>
자갈
모래
진흙
2
3
6.5

유아들의 실험관찰지

2) 물이 어떤 모양으로 지나갈까?(물의 분사 형태 실험)

실험도구 탐색

실험도구

페트병 4개, 깔때기, 물, 물감, 물튜브, 발견실험 활동지, 쓰기도구

실험에 사용된 도구는 재활용품을 활용하여 주변의 사물을 활용할 수 있는 융통성을 기를 수 있게 했으며, 투명한 재료를 사용하고 물에 물감을 섞어 물의 흐름과정을 분명히 관찰해 볼 수 있도록 했다. 준비된 페트병에는 일자형, 이자형, 분수형, 원형으로 구멍을 뚫어 위에서 아래로 흐른 물이 어떤 모양으로 지나갈지를 예측해 보고 실험과정을 통해 관찰해 보도록 했다. 유아들이 밑으로 흘러내리는 물을 관찰할 수 있도록 줄로 페트병을 달아두었으며, 교실 천장에 흘러내린 물을 담을 수 있는 큰 물튜브와 페트병에 물을 담을 때 깔때기를 사용하였다.

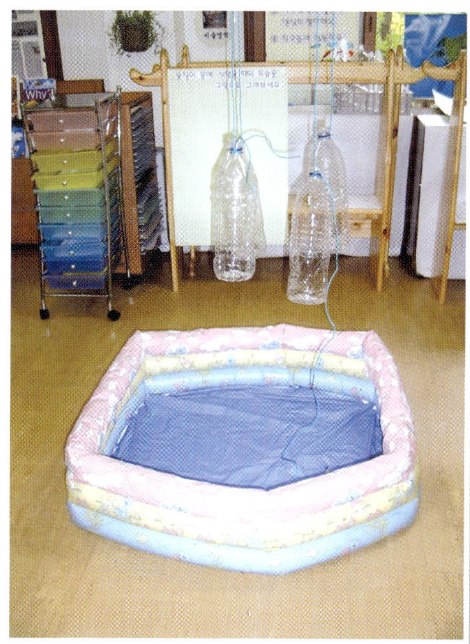
실험도구

발견실험 활동지는 예측하기와 실험하기로 나뉘어져 유아들이 실험하기 전 과학적인 예측을 해 보고 직접 실험을 통해 사고를 확인해 보며 검증해 볼 수 있도록 제작하였다.

발견실험 내용

유아들은 교실에 걸려 있는 여러 가지 페트병에 물을 붓고 물의 흐르는 모습을 빨리 관찰해 보고 싶어했다. 일자형, 이자형, 분수형, 원형으로 뚫린 통에 물을 부으면 물이 어떤 모양으로 떨어질지 다양한 사고를 하게 되었고 실험을 하기 전 실험결과가 어떻게 될지 예측해 보았다.

발견실험 활동지

물이 떨어지는 모양 그리기

_______ 조 이름 : __________

▶ 예측하기

동그란 모양	샤워기 모양	직선 모양
물이 떨어지는 곳	물이 떨어지는 곳	물이 떨어지는 곳

▶ 실험하기

동그란 모양	샤워기 모양	직선 모양
물이 떨어지는 곳	물이 떨어지는 곳	물이 떨어지는 곳

교사 : 얘들아, 이 병으로 물이 흐르게 하려면 어떻게 해야 할까?
유아들 : 물을 부어서 물을 밑으로 내려요.
교사 : 어디로 물을 부으면 좋을까?
유아들 : 위로 물을 넣어야 해요. 위로 물을 넣어야 여기 아래로 물이 흐르잖아요.
유아 1 : 와, 근데 이 통에 구멍이 뚫렸어.
유아 4 : 여긴 작은 구멍이 아주 많아.
교사 : 그래 구멍이 뚫린 병이야. 근데 어떤 모양으로 뚫려있니?
유아 : 선 모양으로 되어 있어요. 여기는 선이 두 개네.
교사 : 이런 모양으로 물이 지나가면 물이 어떤 모양이 될까?
유아 3 : 작은 구멍으로 물이 지나가니까 비오는 것처럼 물이 떨어질 것 같아요.
유아 4 : 여긴 큰 동그라미 모양을 물이 통과해서 아주 많이 물이 떨어질 것 같아요.
유아 5 : 선 모양은 선처럼 물이 지나갈 것 같아요.

유아들은 대부분 페트병의 구멍 모양에 따라 각기 다른 형태로 물이 지나가고 물이 지나가는 통로 모양과 흡사하게 물이 지나갈 것으로 예측하였다.

유아 1 : 물이 잘 안 들어가니까 이 깔때기를 대고 물을 부으면 되겠다.
유아 2 : 내가 물을 부을게. 자, 준비!
유아 3 : 작은 구멍이 여러 개 있는 통에서는 샤워기처럼 물이 떨어지네.
유아 4 : 근데 선 모양 통에 물은 선처럼 떨어지다가 물이 만나는걸.

물의 분사 형태를 실험하는 아이들

발견실험 결과

유아들이 예측한 것과 직접 실험을 통해 발견한 사실은 대부분 일치하였으며, 이를 통해 자신의 생각을 확인해 볼 수 있었다. 그러나 직선 모양이 뚫인 페트병을 통해 물이 통과할 경우 직선 모양으로 물이 떨어지고, 두 개의 직선 모양으로 뚫린 페트병을 통해 물은 두 개의 직선 모양과 같이 물이 떨어져 물이 지나가는 형태에 따라 물이 똑같이 지나갈 것이라고 생각한 부분에서는 차이점이 발견되었다. 직선 모양의 경우 물이 떨어지면서 모이는 성질에 따라 페트병의 직선 모양을 통과하며 다시 물이 모여 밑으로 떨어지는 모양은 큰 동그라미 형태의 페트병과 동일하였다.

따라서 유아들은 이 실험을 통해 물은 높은 곳에서 낮은 곳으로 이동하며 수로의 형태에 따라 물의 형태가 변화된다는 사실을 발견하였다.

3) 어느 배가 빨리 지나갈까?(수로 형태에 따른 물의 속도 비교실험)

실험도구 탐색

실험도구

PVC 수로 10개(ㅡ모양, ㄱ모양), 물, 호스, 스티로폼 배, 초시계

물의 흐름을 관찰할 수 있도록 PVC관을 반으로 잘랐으며, ㄱ모양의 연결수로를 모양에 따라 배가 지나가는 속도를 초시계로 기록하여 물의 속도실험을 진행하였다. 또한 조별로 진행된 수로 속도실험을 비교해 보기 위해 10개의 수로와 동일한 양의 물을 준비해 주었다.

발견실험 내용

실험도구 탐색과정을 통해 PVC 수로를 이용해 물을 통과시키기 위해 물이 필요하다는 것과 물이 새지 않도록 수로를 잘 연결해야 한다는 사실을 인식하게 되었으며 물을 위에서 아래로 흐르게 해야 한다는 사실을 발견하였다.

유아 1 : 물이 여기로 지나가게 하려면 수로를 연결해야 돼.

유아 2 : 자, 이렇게 끼워봐. 수로가 비뚤어지면 물이 세니까 꼭 끼워야 돼.

유아 3 : ㄱ모양 수로를 끼우면 수로 모양을 꺾을 수 있어.

유아 4 : 됐다. 근데 물이 지나가지 않는데….

유아 5 : 호스로 물을 가져와봐.

유아 6 : 여기에 물이 멈춰 있다. 여기에 있는 수로를 더 낮게 해보자.

유아들 : 와, 물이 지나간다.

교사 : 이제 배를 보내도 되니? 근데 배를 지나가게 하려면 어떻게 해야 할까?

유아 2 : 배를 올려 놓고 물을 부어야 돼요.

(직접 실험해 본다.)

유아 3 : 배가 지나가지 않잖아.

유아들 : 그럼 어떻게 하지? 더 물을 세게 부어봐. / 와, 배가 움직인다.

유아들은 PVC 관을 연결하여 물이 지나갈 수 있는 길을 만들고 물이 지나가기 위해 호스를 가져왔다. 또한 물이 잘 흘러가기 위해서는 수로의 경사가 있어야 하고 배가 지나가기 위해 물이 속도를 가지고 흘러가야 한다는 사실을 발견하게 되었다. 또한 물의 양이 많을수록 속도가 빠르고 경사가 급할수록 물이 빨리 지나간다는 것을 실험을 통해 알게 되었다.

교사 : 자, 이제 배를 띄워 보자.
유아 1 : 물은 내가 부어 볼게.
유아들 : 와, 배 지나간다.
유아 1 : 몇 초인지 재어 보자.
유아 2 : 수로 끝에 배가 오면 몇 초인지 재어 볼게.

발견실험 결과

유아들은 조별로 만든 수로의 모양과 배가 지나간 속도를 게시판에 기록하였다. 배가 지나간 속도는 5초, 8초, 10초, 15초로 조별로 차이가 있었고 가장 빨리 배가 지나간 수로의 형태는 직선 수로였다. 이를 통해 유아들은 수로의 모양이 직선일 때 물이 흐르는 속도가 가장 빠르다는 것을 실험으로 인식하게 되었다.

2. 물의 힘

1) 물체의 무게, 재질에 따른 부력 실험하기

실험도구 탐색

실험도구

물놀이대, 여러 가지 물체(나뭇조각, 쇠조각, 탁구공, 구슬, 풀 뚜껑, 솜, 스티로폼, 페트병, 돌, 나뭇잎 등), 발견실험 활동지, 쓰기도구

유아 1 : 와! 물놀이대가 여기에 있네. 신기하다. 교실에서 물놀이해요?

교사 : 오늘은 교실에서 물놀이를 해보려고 물놀이대를 가져왔어. 그리고 또 여러 가지 물건들도 준비했단다. 어떤 게 있는지 한번 볼래?

유아 2 : 탁구공, 나뭇잎, 솜, 구슬, 나무, 쇠, 종이, 페트병… 진짜 많아요.

유아 3 : 이걸로 뭘 할 거예요?

교사 : 무엇을 하면 좋을까?

유아 4 : 물에 넣어 봐요. 물 위에 뜨는 것으로는 배 만들어서 놀고, 가라앉는 것은 잠수함을 만들어서 놀면 좋을 것 같아요.

유아 5 : 맞아, 나무는 물에 뜨니까 나무로 배를 만들고, 돌멩이는 물에 가라앉으니까 우유상자에 돌멩이를 넣어서 잠수함 만들자.

유아 4 : 아니야, 나무는 무거워서 물에 안 떠. 나무로 배를 못 만들어. 그렇죠, 선생님?

교사 : 그럼 어떤 것이 물에 뜨고 가라앉는지 직접 물에 넣어 볼까?

앞마당에서 물놀이를 하며 유아들은 여러 물체를 가지고 물 위에 뜨는 것들을 물리적 힘을 가해 가라앉히기도 하고, 물에 가라앉는 것은 물에 띄우기 위해 물 위로 살짝 던져 보는 등의 모습을 보였다. 이러한 유아들의 놀이를 더 확장시켜 물에 뜨는 물건과 뜨지 않는 물건들을 구별하고 이들의 공통점을 찾아 뜨는 것과 가라앉는 것의 특징을 알아보도록 하였다.

발견실험 내용

실험결과 예상하기

교실의 물놀이대와 여러 가지 물체들을 탐색하면서 유아들은 직관적으로 물에 뜨는 것과 가라앉는 것을 구분하였다. 그러나 모든 어린이가 똑같이 구분하지는 않았다. 각기 다른 어린이들의 생각을 알아보기 위해 준비한 물체들의 사진을 찍어 뜨는 것과 가라앉는 것을 구분하여 활동지에 표현해 보도록 하였다.

물체의 사진을 제공해 준 것은 유아들이 보다 쉽게 뜨는 것과 가라앉는 것을 예상해 볼 수 있게 해주었으며, 이를 벽면에 게시하여 서로의 생각을 비교해 볼 수 있었다.

실험하기

예상지를 바탕으로 여러 가지 물체를 물놀이대에 띄워보며 실험을 시행하였다. 유아들은 실험하기 전 자신들의 예상대로 결과가 나오기를 기대하며 실험에 대해 자신이 가지고 있는 생각들을 친구들에게 이야기하였다.

교사 : 이번에는 나무를 해볼까?
유아 1 : 이건 무거워서 안 뜰 거예요.
유아 2 : 아니야, 나무배도 있어. 옛날에 이순신 장군도 나무로 거북선 만들었잖아.
유아 1 : 그건, 그 사람들이 기술이 좋아서 그렇지. 원래 나무는 물에 잘 안 떠.
유아 3 : 아니야, 영화에서 봤는데 무인도에 가면 나무로 배를 만들어서 탈출해. 그러니까 나무는 물에 떠.
유아 2 : 그럼 누구 말이 맞는지 해보자.

(통나무 조각이 물에 떴다가 시간이 지난 후 가라앉는다.)

유아 3 : 봐, 물에 떴지?
유아 1 : 아니야, 처음에는 떴는데 나중엔 가라앉았잖아. 그러니까 가라앉는 거야.
유아 4 : 그럼 여기 딴 나뭇조각도 있으니까 딴 것도 해보자.
유아 5 : 야, 이건 뜬다. 이건 저것보다 가벼워서 뜨나?
유아 6 : 아니야, 저건 작은데 이건 커서 뜬 것 같아.
유아 4 : 에이, 잘 모르겠다. 하지만 나무는 뜨는 것도 있고 가라앉는 것도 있나봐.

실험을 진행하며 유아들은 자신들의 예상을 정확히 확인해 볼 수 있었다. 그러나 나뭇조각과 같이 뜨기도 하고 가라앉기도 하는 것에 대해서는 논란이 일었으며, 나뭇조각의 무게를 비교해 보기도 하고, 모양을 살펴보기도 하는 등 뜨고 가라앉는 물체의 공통적인 특징들을 알아내기 위해 서로 논의하는 모습을 보였다.

발견실험 결과

직접 실험을 해보며 유아들은 물에 뜨는 물체와 가라앉는 물체를 구별하여 벽면에 게시하여 각 항목 간의 공통점을 찾아보게 하였고 다음과 같은 공통점을 찾아내었다.

물에 뜨는 것들의 공통점	물에 가라앉는 것들의 공통점
• 가벼워요. • 배 모양이에요(바닥이 평평해요). • 중심을 잘 잡기 때문에 뜨는 거예요.	• 무거워요. • 뾰족하게 생겼어요. • 물이 들어가면 가라앉아요.

실험 후 갖게 된 의문점

물에 가라앉는 물건도 뜨게 할 수 있을까?

유아 1 : 점토, 돌멩이, 아연판 등 가라앉는 물건이 너무 많아.
유아 2 : 무거우니까 그렇지, 원래 무거운 건 가라앉는 거야.
유아 1 : 그런데 우리가 타는 배는 쇠로 만드는 거 아닌가? 쇠는 무거운 건데 배는 뜨잖아.
교사 : 정말, 우리가 타는 배는 쇠로 만들어도 잘 뜨는데, 이건 왜 안 뜰까?

물에 뜨는 것과 가라앉는 것 실험을 진행하며 유아들은 가라앉는 물건을 뜨게 하는 것에 큰 관심을 보였으며, 뜨는 것을 가라앉게 하는 것을 알 수 있는 점토배 실험을 준비하여 함께 실험해 보는 시간을 가졌다.

점토배 실험하기

교사 : 여기 점토가 있어. 이 점토를 물에 넣으면 어떻게 될 것 같니?
유아 : 당연히 가라앉지요.
교사 : 그래? 그럼 선생님이 한번 띄워볼까?
유아 : 에이, 선생님이 마술하는 것도 아니고 어떻게 해요. 어디 한번 해봐요.
교사 : (점토를 얇게 펴 바닥을 넓게 만든다.) 자, 어때?
유아 : 와, 뜬다 떠.
교사 : 선생님의 점토는 왜 뜬 것 같니?
유아 : 선생님이 바닥을 넓고 얇게 펴서 배 모양으로 만들었잖아요. 그래서 뜬 거예요.

점토배 실험을 통해 유아들은 가라앉는 물체라도 그 성질을 변형시키면 뜰 수도 있다는 것을 경험하게 되었다.

2) 액체의 종류(글리세린, 물, 식용유, 에탄올)에 따른 부력 실험하기

실험도구 탐색

실험도구

다양한 모양의 계량용기(비커, 눈금실린더), 스포이트, 유리막대, 깔때기, 에탄올, 식용유, 물, 글리세린

유아 1 : 와! 이게 뭐야? 이상하게 생겼다. 여우와 두루미에 나오는 병 같아.

교사 : 정말, 여우와 두루미에 나오는 병처럼 목이 아주 길게 생겼어. 근데 그 병과는 조금 다른 점이 있어. 어떤 점이 다른지 한번 찾아볼래?

유아 2 : 병에 선도 있고 숫자도 쓰여 있어요.

유아 3 : 우유상자처럼 끝이 뾰족해요. 물 같은 걸 잘 부을 수 있을 것 같아요.

교사 : 맞아, 이건 우리가 여기에 얼마만큼의 액체를 넣었는지 알 수 있도록 숫자도 쓰고, 다른 곳에 쏟지 않고 잘 부을 수 있도록 하는 '눈금실린더' 라고 해.

유아들이 쉽게 접해 보지 못하는 도구들을 탐색해 보았다. 다양한 도구를 탐색과정을 통해 유아들은 과학도구를 친근하게 느낄 수 있었으며, 각 도구의 사용 용도, 방법, 유의점 등에 대해 알아 볼 수 있었다.

실험 액체들을 탐색하는 유아들의 모습

또, 유아들은 각각의 액체를 탐색해 보는 시간을 가졌다. 평소에는 보지 못했던 에탄올이라든가 글리세린은 어린이들의 호기심을 자극하기에 충분하였다. 눈으로 보는 색, 코로 맡는 냄새, 만졌을 때의 느낌 등을 알아보았으며, 각 액체가 어디에 사용되는지, 유의해야 할 점들에 대한 이야기들도 나눌 수 있었다. 다음은 어린이들이 이야기한 각 액체의 특징을 정리한 것이다.

	색	냄새	느낌
에탄올	투명해요. 물색이랑 비슷해요.	술 냄새 같아요. 페인트 냄새 같은 지독한 냄새가 나요.	차가워요.
글리세린	투명해요. 물보다 조금 더 하얗게 보여요.	아무 냄새도 안나요.	끈적끈적한 꿀 같아요.
물	투명해요. 물색이에요.	약 냄새가 나요.	시원해요.
식용유	노란 빛이 나요. 노란색, 투명한 색이 섞여 있는 것 같아요.	고소한 냄새가 나요. 사과 냄새가 나는 것 같아요.	미끄러워요.

발견실험 활동지

액체탑 만들기

_________ 조 이름 : ___________

▶ 예측하기

▶ 실험하기

발견실험 내용

실험방법 알아보기

1. 준비물 준비하기

2. 액체마다 다른 색의 물감 섞어주기

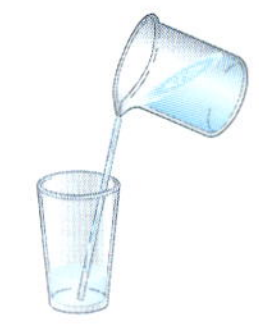

3. 유리잔에 글리세린, 물, 식용유, 에탄올을 순서대로 붓기

실험결과 예상하기

실험도구와 방법을 알아보고 실험을 하기 전 실험을 하면 어떻게 될 것인지에 대해 예상해 보는 시간을 가졌다. 유아들은 각 액체를 한 곳에 부었을 때 모두가 섞여 멍텅구리 색이 된다는 이야기들을 많이 하였으며, 다른 액체들은 거의 투명한데 식용유만 색이 있으니까 식용유색으로 변할 것 같다는 이야기를 하기도 하였다. 유아들은 물감물을 한꺼번에 섞었을 때에 비추어 실험의 결과를 예상하는 모습이었다.

 여러 가지 색이 섞여서 멍텅구리 색이 될 것 같아요.	 여러 가지 색이 나고 아래에는 흙탕물이 될 것 같아요.
 액체를 부으면 거품이 많이 날 것 같아요.	 식용유색인 노란색으로 변할 것 같아요.

실험하기

실험방법과 결과를 예상해 본 후 유아들은 직접 실험을 진행하였다. 도구들을 다루는 것이 아직 서툴러 교사의 바른 사용방법에 대한 시범이 있어야 했으나, 한두 번 사용 후 능숙히 도구를 다루는 모습이었다. 또한 유아들은 과학도구들을 다루어 본다는 사실 하나만으로도 과학자가 된 것 같다는 이야기를 하며, 자신이 직접 스포이트나 깔때기를 이용하여 옮기고자 하는 통에 액체를 흘리지 않고 담을 수 있음에 만족감을 나타내었다.

발견실험 결과

색이 섞이지 않고 층이 생겼어요.

액체들이 탑처럼 쌓였어요.

액체 위에 액체가 올라갔어요.

액체들이 섞이지 않았어요.

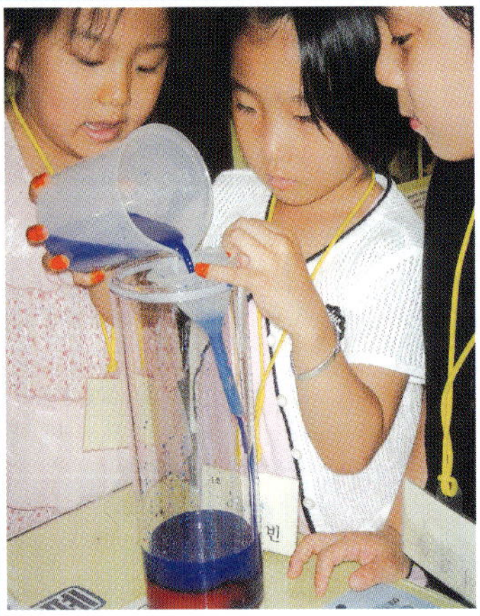

깔때기와 스포이트를 이용하여 액체를 옮기는 모습

다양한 용기에 같은 양의 액체를 담아 비교해 보는 모습

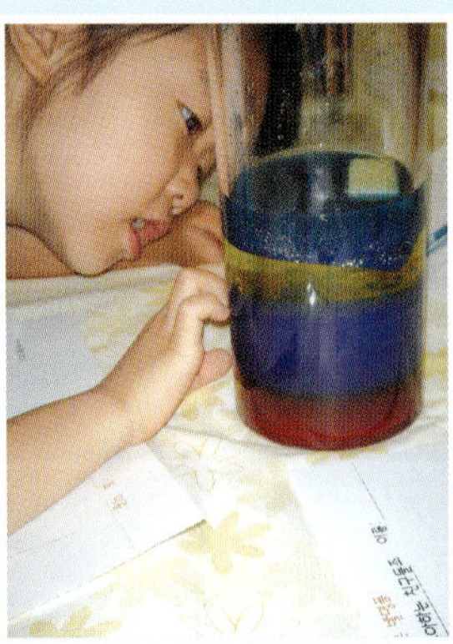

액체탑을 만든 후 관찰하는 모습

유아 1 : 와, 나는 액체들이 막 섞여서 흙탕물이 될 줄 알았는데 붓는 대로 쌓여요.

유아 2 : 맞아요. 탑처럼 하나 위에 다른 하나가 쌓였어요. 너무 신기해요.

유아 3 : 근데 우리가 살살 부어서 이렇게 된 게 아닐까요? 유리막대로 섞어보면 섞일 것 같은데….

교사 : 그럼 유리막대로 한번 저어볼까?

(액체탑을 저은 후 잠시 지켜보자 액체가 섞였다가 다시 층을 이룬다.)

유아 4 : 어, 또 다시 층이 생긴다.

유아 5 : 진짜, 다시 생겨. 이거 막 흔들어도 다시 생기나봐.

유아 3 : 야, 진짜 신기하다. 이 실험 진짜 재미있고 신기해요.

교사 : 그런데 왜 이 액체들을 안 섞이는 것일까?

유아 6 : 음. 다 다른 것이라서?

유아 5 : 맞아요. 이건 물이 아니잖아요. 식용유, 에탄올, 글리세린, 물 모두 다른 것이니까 안 섞이는 것 같아요.

액체탑 만들기 활동의 원리를 유아들에게 설명하고 이를 이해시키고자 하는 것은 어려운 일일 것이다. 하지만 이러한 활동들을 통해 유아들이 그 원리까지는 이해하지 못하더라도 액체마다 성질이 다르며, 다른 성질 때문에 서로 섞이지 않고 층을 이룰 수 있다는 사실을 알 수 있었다. 또한 이러한 실험을 해보며 유아들은 각종 과학도구들을 사용해 보는 기회를 갖게 되었으며, 과학도구의 적절한 사용법 및 활용방법에 대해 알아보았고 과학을 어려운 것이 아닌 즐겁고 재미있는 활동임을 느껴볼 수 있었다.

3) 떨어지는 물의 힘 실험하기(폭포실험)

실험도구 탐색

실험도구

굵기가 다른 투명한 튜브(지름 2.5cm인 것과 1.5cm인 것 등), 투명 수조, 자, 찰흙판, 공간블록 4~5개(높이조절용), 스포이트, 붓, 하얀 도화지, 포스터물감

어린이들과 함께 물의 힘의 차이에 대해 알아보는 실험이었기 때문에 높이와 물의 세기 등에 따라 어떻게 실험 결과가 달라질 수 있는지에 초점을 맞추어 진행하였다. 자연에서 볼 수 있는 폭포를 보았을 때 그 밑에 있는 땅이나 바위가 어떻게 점차 파여져 나가는지 이 실험을 통해 확인할 수 있을 것이다. 첫 번째 도입실험은 스포이트로 물을 떨어뜨려 물감이 어떻게 번지는지 확인함으로써 물의 힘을 작게 가시화 하여 볼 수 있었고, 두 번째 실험에서는 물의 세기와 높이에 따른 바닥의 변화를 확실하게 확인할 수 있었다.

이 실험활동들을 통해 물이 떨어질 때 힘이 생긴다는 것을 이해하고 물의 높이에 따라 떨어지는 힘이 다르다는 것을 알며, 물의 세기에 따라 떨어지는 힘이 다르다는 것과 물의 높이를 조절했을 때 물의 힘 차이를 확인할 수 있었다.

발견실험 활동지

실험 전 · 후의 찰흙판 예상

_______ 조 이름 : _______

실험 전 예상 찰흙판의 모습	실험 후 찰흙판의 모습

폭포실험 시 찰흙판이 패인 정도 측정

1단계 폭포 찰흙판	2단계 폭포 찰흙판	3단계 폭포 찰흙판
9 8 7 6 5 4 3 2 1 0		
패인 길이:	패인 길이:	패인 길이:

발견실험 내용

스포이트로 물 떨어뜨리기 실험

물의 힘을 간단하면서도 확실하게 볼 수 있도록 물감으로 우선 그림을 그린 후 그 위에 스포이트로 물방울을 떨어뜨려 보았다. 물을 떨어뜨렸을 때 물감이 둥근 파장 형태로 번지는 것을 보면서 물의 힘이 뻗어 나가는 방향을 어느 정도 짐작할 수 있도록 하였다.

교사 : 여기에 물감을 묻혀 그려보자. 그린 후 물을 떨어뜨리면 어떻게 될까?
유아 : 그림이 망쳐져요.
유아 2 : 그림이 번져요, 막 번져서 무슨 그림인지 알 수 없어요.
교사 : 왜 그림이 번질까?
유아 3 : 왜냐면 물이 떨어지면 물이 많아지니까 종이가 물을 먹어서요.
교사 : 그럼 그림을 그린 후 한번 물을 떨어 뜨려볼까?
유아 2 : 이건 뭐에요?
교사 : 그건 스포이트야. 거기 눈금이 있지. 모두 50까지 채워서 물을 떨어뜨려 보자.
유아 3 : 왜 50까지 채워야 되요?
유아 1 : 그래야 다 똑같지. 물을 똑같이 떨어뜨려야지. 그래야 어떻게 되는지 알지.
유아 3 : (스포이트로 떨어뜨린 후) 이것 봐, 물방울이 떨어지니까 막 튀어.
유아 1 : 모양이 막 커져서 화산 같이 폭발했어.
유아 4 : 물감이 옆에까지 조그맣게 점처럼 마구 튀었어.
유아 1 : 내가 물을 떨어뜨렸더니 저렇게 되었어.

어린이들과 실험을 하여 물의 힘을 눈으로 확인한 후 이번에는 폭포실험을 세팅해 놓은 책상으로 옮겨 실험에 대해 설명하고 각 단계에서 물을 떨어뜨렸을 때 밑에 있는 찰흙판이 어떻게 변할 것 같은지 예상해 보도록 하였다.

교사 : 여기를 보자. 여기 커다란 플라스틱 수조가 있어. 안에는 찰흙이 가득 들어있고, 이 위에는 호스가 연결되어 있어. 이 호스로 여기(1단계), 여기(2단계), 여기(3단계)에 넣고 물을 틀어 볼거야. 만약 물이 위에서 떨어지면 찰흙판은 어떻게 될까?

유아 : 찰흙판이 어떻게 되는데요?

교사 : 어떻게 될까?

유아 2 : 그냥 물이 흐를 것 같은데요.

유아 3 : 찰흙판이 망가져요.

교사 : 망가진다는 것이 뭐니?

유아 3 : 음, 그러니까 물이 들어가면 찰흙이 물에 녹아서 점점 녹아서 물이 더러워질 것 같아요.

유아 4 : 나는 찰흙판이 뚫어질 것 같은데. 물이 막 쏟아지면.

유아 2 : 난 납작해질 것 같아.

교사 : 어떻게 될 것 같은지 한번 그려보고 설명해 보자.

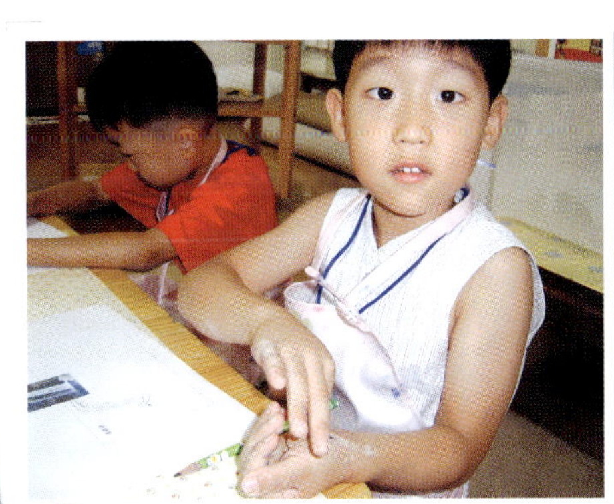

찰흙이 점점 말랑말랑해져요. 그러다 납작해져요.
납작해지면서 찰흙판이 점점 구부러져요.
(손바닥으로 구부러지는 정도를 표시한다)

가는 줄이 찰흙판에 막 생기고 얇아질 것 같아요 (물이 밑으로 떨어지는 동작을 반복하면서). 물이 많이 닿아서 점점 진득진득해질 것 같아요.

찰흙이 점점 얇아져요.
물이 너무 세면 떠내려가요.

물이 떨어지면 찰흙이 말랑말랑 하다가 딱 부러져서 찢어져요.

이렇듯 물이 떨어졌을 때 찰흙판의 상태변화에 대해 예상해 보았다. 물의 힘에 따라 어떻게 상태가 변화하는지 구체적으로 설명하도록 격려하였고, 찰흙판의 상태를 처음 힘을 받을 때와 지속적으로 힘을 받을 때, 물의 세기가 변화할 때 어떻게 변화하는지 예상하고 이를 다양한 상태를 나타내는 어휘로 표현해 볼 수 있었다.

폭포 실험

공간블럭의 높이가 일정하다는 것에서 착안하여 블록을 세 개 쌓고 각 높이를 1단계, 2단계, 3단계로 정해 각각의 높이에서 물을 떨어뜨려 보았다. 1단계와 2단계는 크게 차이가 안 났지만 1단계와 3단계는 확연한 차이를 보였다. 밑에는 지점토판을 놓고 물이 떨어졌을 때 어떻게 상태가 변하는지 살펴보았다.

교사 : 이만큼씩 높이가 달라. 어떻게 될 것 같니?

유아 1 : 1단계에서는 많이 뚫어지고, 3단계에는 조금 뚫어질 것 같아요. 물이 가까우면 힘이 세니까.

유아 2 : 나는 3단계가 제일 많이 뚫어질 것 같은데…. 1단계는 구멍나고, 2단계는 구멍이 커지고, 3단계는 그냥 박살날 것 같아(신이 나서 손을 크게 움직인다).

교사 : 어떻게 되는지 각 단계별로 실험해 보자.

유아 3 : 난 1단계에서 물을 떨어뜨려 보았어. 근데 별로 달라진 게 없어. 찰흙판은 그대로야.

유아 4 : 3단계에서 물을 떨어뜨려 보고 있어. 저기 봐. 구멍이 뚫렸어.

유아 5 : 길도 생긴다. 찰흙 사이로 길이 생겨. 금이 갔어.

유아 1 : 1단계에서는 물레방아도 안 돌았는데 3단계에서는 물레방아도 돌아.

유아 2 : 이상하네, 난 물이 가까우면 더 힘셀 줄 알았는데.

유아 3 : 얼마나 파였는지 자를 대서 재어보자.

유아 4 : 진짜 찰흙이 미끈미끈해졌어. 점점 얇아지고 계속 찰흙물이 저쪽으로 흘러.

유아 5 : 저 위에서 떨어지니까 더 힘이 세지. 손을 대 보니 3단계 물줄기가 시원하게 안마하네.

이러한 실험을 통해 물의 높이에 따른 바닥의 변화를 측정해 비교해 볼 수 있었다.

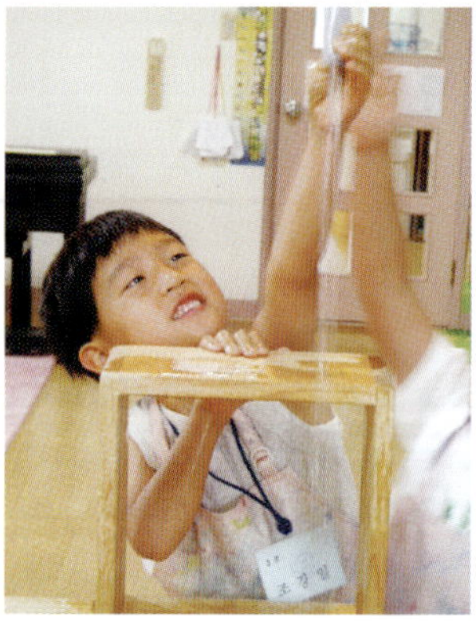

폭포 실험 모습

발견실험 결과

물이 다른 높이에서 떨어질 때 어떤 변화가 있는지 예상하고 실험을 통해 결과를 알아봄으로써 물이 떨어졌을 때 낙하하는 물의 힘을 받는 물질의 상태와 변화에 대해 신체적 표현과 언어적 기술, 다양한 언어 사용 표현 등을 격려하고 결과를 예상해볼 수 있었고, 실험장치의 세팅을 보고 직접 사용해 보아 실험과정 시 물질이 실제로 어떻게 되는지 눈으로 확인하고 손으로 만져보는 등 가설을 세워 실험활동을 통해 결과를 검증해 볼 수 있었다.

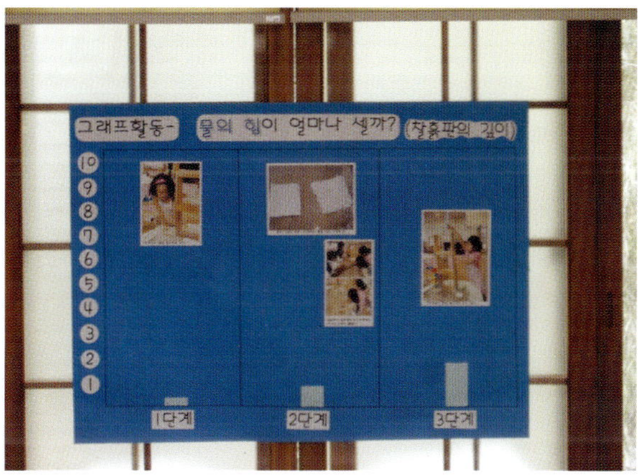

1단계(0.7cm) 2단계(1.3m) 3단계(2.7cm)

1단계와 3단계 높이의 물줄기를 맞은 찰흙판의 변화 모습

3. 물의 상태

1) 물에 여러 가지 물질 녹여서 변화 관찰하기

실험도구 탐색

실험도구

여러 가지 물질(미숫가루, 초콜릿가루, 주스가루, 설탕, 밀가루, 유아용 비타민 C), 물질을 담을 투명 용기, 비커(유리재질의 큰 비커), 유리막대, 다양한 모양의 얼음틀

이 실험은 유아들이 물의 용해성을 알아보는 실험으로 일상생활 속에서 유아들이 쉽게 접하는 다양한 가루물질들(미숫가루, 설탕, 주스가루, 비타민 C, 소금, 밀가루)을 오감을 통해 탐색해 보고, 직접 녹여 본 후 얼음으로 만든 상태까지를 경험해 보는 활동이었다. 따라서 유아들이 가루의 색과 크기를 비교해 볼 수 있도록 투명한 보관함을 준비했으며 맛을 보기 위한 도구인 수저와 유리막대, 물, 다양한 형태의 얼음통을 준비하여 유아들이 보다 흥미롭게 실험에 임할 수 있도록 했다. 또한 가루는 유아들이 먹을 수 있는 것으로, 가루가 물에 녹은 색깔을 비교해 볼 수 있도록 가루를 섞는 통도 투명한 아크릴 통으로 준비했다. 각 통에는 가루의 종류별로 같은 색의 라벨지를 붙여 유아들이 가루의 명칭을 혼동하지 않게 담을 수 있도록 했으며, 물을 넣는 통에도 눈금이 매겨져 있어 유아들이 일정한 양을 직접 넣어 볼 수 있도록 했다.

발견실험 활동지

여러 가지 물질을 물에 녹여 보세요

_______ 조 이름 : _________

▶ 예측하기

물에 녹는 것

색이 변하는 것

물에 녹지 않는 것

색이 변하지 않는 것

▶ 실험하기

물에 녹는 것

색이 변하는 것

물에 녹지 않는 것

색이 변하지 않는 것

발견실험 내용

유아들과 녹여 볼 가루들을 탐색해 보면서 색, 맛, 촉감에 대해 알아보고 물에 녹였을 때의 결과를 예측해 보는 것으로 실험이 시작되었다.

교사 : 너희들은 물에 무언가를 타서 직접 녹여 본 적 있니?
유아 1 : 네. 네스퀵을 타면 코코아가 돼요.
유아 2 : 약도 먹었어요.
유아 3 : 미숫가루도 물에 타서 먹어요.
교사 : 그렇구나. 그럼 모든 가루들이 물에 녹을까?
유아 1 : 네!
유아 2 : 아니오.
교사 : ○○는 왜 안 녹을 것이라 생각하니?
유아 2 : 잘 안 녹을 때도 있어요.
유아 3 : 맞아. 아예 안 녹기도 해.
유아 1 : 아니야. 가루는 원래 다 녹는다.
교사 : 자, 그러면 지금부터 우리 친구들이 직접 여러 가지 가루들을 살펴보고 물에 녹여 보자. 너희들 말대로 모든 가루들이 잘 녹는지, 아니면 잘 녹기도 하고 안 녹는 것도 있는지 한번 직접 실험해 볼까?

유아들과 밀가루, 소금, 비타민 C, 주스가루, 미숫가루를 탐색해 보고 대표적 가루의 성질들을 표로 만들었다. 그리고 각 가루가 물에 잘 녹는 것과 잘 녹지 않은 것, 녹였을 때 물의 색이 변하는 것과 변하지 않는 것을 미리 예측하기 실험지에 적어보고, 직접 실험 후에는 실험관찰지에 기록하였다. 실험은 하나씩 차례대로 탐색하면서 이루어졌다.

소금의 경우

교사 : 선생님이 먼저 소개할 가루는 바로 이것이예요. 자, 무슨 가루일까?

유아 1 : 설탕이요.

유아 2 : 소금이요.

교사 : 자, 이 가루는 무슨 색이지?

유아 3 : 하얀 색이요.

교사 : 그럼 한번 만져볼까?

유아 2 : 꺼칠꺼칠해요.

유아 3 : 딱딱해요.

유아 1 : 따가워요. 아, 이거 소금이죠?

교사 : 맞아요. 이건 바로 소금이에요. 자, 돋보기로 소금 알갱이를 한번 볼까?

유아 3 : 네모난 게 있어요.

유아 1 : 알갱이가 커요.

유아 2 : 다른 가루보다 더 커요.

교사 : 너희들이 본 것처럼 소금가루는 굵어서 만지면 거칠고 따갑기도 하지. 그럼 이 소금의 맛은 어떨까?

유아들 : 짜요.

교사 : 우리 친구들은 맛을 보지 않고도 소금의 맛을 알고 있네. 그럼 정말 소금이 짠지 한번 맛을 볼까?

(유아들은 살짝 맛을 본 후 모두 짜다고 이야기 했다.)

교사 : 그럼 이번에는 소금을 물에 녹여보자. 과연 물에 잘 녹을까?

유아 1 : 네.

유아 2 : 아니요.

교사 : 자, 그럼 물에 소금을 넣고 저어 보자. 어떻게 되었지?

유아 3 : 녹았어요.

교사 : 어떻게 녹은걸 우리가 알 수 있지?

유아 2 : 소금이 안 보여요.

교사 : 맞아. 소금이 물에 녹아서 우리가 소금을 볼 수가 없네. 소금이 녹은 물의 색은 어때?

유아 3 : 물색이랑 똑같아요.

유아 1 : 색이 없어요.

교사 : 그래. 소금은 물에 잘 녹는구나. 그럼 다음 가루를 한번 살펴보자. 무슨 가루인 것 같니?

밀가루의 경우

유아들 : 밀가루다! / 밀가루요.

교사 : 맞아. 밀가루지. 그럼 밀가루의 색은?

유아들 : 하얀 색이요.

교사 : 그런데 조금 전에 봤던 소금이랑 똑같은 하얀 색이니?

유아 1 : 아뇨, 조금 달라요.

교사 : 어떻게 다르니?

유아 3 : 밀가루가 조금 노란색이예요.

교사 : 그럼 밀가루색을 무슨 색이라고 하면 좋을까?

유아 2 : 밝은 노랑색이요.

유아 1 : 연노랑색이요.

교사 : 그래. 너희들이 생각한 대로 노란 빛이 섞인 하얀 색이구나. 밀가루를 만져본 느낌은 어때?

유아들 : 부드러워요. / 느낌이 좋아요.

교사 : 선생님도 부드럽구나. 그럼 밀가루의 맛을 한번 볼까. 어떤 맛이지?

유아 3 : 아무 맛 안나요.

유아 2 : 텁텁해요.

유아 1 : 써요.

교사 : 그래. 선생님도 텁텁하기도 하고, 쓰기도 한 것 같아. 그럼 이 밀가루는 물에 녹을까?

유아들 : 네. / 아니요.

교사 : 왜 잘 안 녹을 것 같니? ○○는 왜 잘 녹을 것 같아?

유아 2 : 가루가 부드러우니까 금방 녹을 것 같아요.

유아 3 : 물에 넣으면 그대로 있을 것 같아서요.

교사 : 자, 그럼 이제 물에 밀가루를 넣고 저어 보자. 어떻게 됐니?

유아들 : 안 녹아요. / 녹았어요.

교사 : 녹았다고 하는 친구들도 있고, 녹지 않았다고 하는 친구들도 있네. 밀가루가 물속에서 어떻게 되었니?

유아들 : 밑에 있어요. / 내려왔어요.

교사 : 그렇구나, 밀가루가 물 속에서 녹지 않고 밑에 가라앉네. 물의 색은 어떻게 되었니?

유아 2 : 하얀 색이요. 물이 변했어요.

교사 : 그래. 밀가루는 소금처럼 물 속에서 투명하게 녹지 않고 물을 하얀 색으로 만든다는 것을 볼 수 있구나.

같은 방법으로 가루 비타민 C, 미숫가루, 주스가루를 탐색하고, 맛을 본 후 물 속에 넣었을 때의 상태를 추측해 보았다. 유아들은 잘 녹는다와 잘 녹지 않는다는 두 의견을 낸 상태에서 직접 가루들을 물에 넣고 저어보면서 실험결과를 관찰했다. 그리고 가루들이 물에 녹은 모습이 어떻게 변했으며, 색과 맛은 어떠한지에 대해서도 알아보았다. 이어서 녹는 과정의 차이, 즉 쉽게 녹는 것과 녹지 않는 것, 빨리 녹는 것과 느리게 녹는 것, 색이 변하는 것과 변하지 않는 것 등 가루에 따라 물에 녹는 정도가 다르다는 사실을 알 수 있었다. 이어서 실험결과를 기록하고 처음 예측했던 것과의 차이점을 알아보았다.

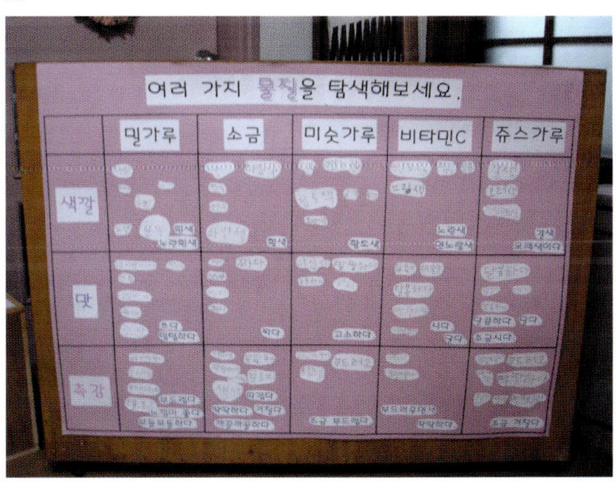

유아들의 실험 모습 및 가루 탐색 결과표

교사 : 실험을 시작하기 전에 물에 넣었을 때 잘 녹을 것이라 생각했던 가루들이 실제로도 물에 잘 녹았니?

유아 1 : 아니요, 밀가루랑 미숫가루는 물에 잘 녹지 않았어요.

교사 : 왜 그렇게 생각하니?

유아 2 : 물이 완전히 변했어요.

유아 3 : 물이 밀가루 색이랑 미숫가루 색으로 변했어요.

유아 1 : 소금을 넣었을 때에는 물색이 변하지 않았어요.

교사 : 그렇다면 비타민 C 가루를 넣었을 때에는 어땠니?

유아 2 : 처음에는 하얀 색이 컵 바닥으로 떨어졌다가 점점 다시 물이 깨끗해졌어요.

교사 : 그렇다면 우리는 가루를 넣었을 때의 물의 색과 컵의 상태를 보고 가루들이 녹았다는 것을 알 수 있었구나. 그렇다면 다른 방법은 없을까?

유아들 : …

유아 3 : 물 냄새를 맡아봐요.

교사 : 어떻게 알 수 있지?

유아 2 : 물에서 가루 냄새가 많이 나면 안 녹은 것이고요, 냄새가 안 나면 녹은 것이에요.

교사 : 우리 그렇다면 지금 가루들이 녹아 있는 컵들의 냄새도 맡아볼까?

유아 1 : 선생님 소금, 비타민 C에서만 냄새가 안 나요.

유아 3 : 밀가루랑 미숫가루 냄새가 제일 많이 나요.

교사 : 방금 맡은 그 냄새랑 원래 가루 냄새랑 어떤 것 같니?

유아 1 : 거의 같아요.

유아 2 : 똑같은 냄새가 나요.

유아 3 : 맞아요. 같은 냄새가 나요.

우리는 물의 색(투명성과 불투명성)과 냄새로 가루가 물에 녹은 사실을 알 수 있었다. 이어서 가루들을 물에 녹는 것과 녹지 않는 것, 색이 변하는 것과 그렇지 않는 것으로 분류해 보고 가루를 녹인 물을 얼려 보는 실험을 전개했다.

교사 : 그럼 우리가 가루를 넣은 물을 냉장고에 얼리면 어떻게 될까?
유아 1 : 얼음이 돼요.
유아 2 : 맛있는 얼음이요. 주스 얼음이 제일 맛있을 것 같아요.
교사 : 너희들 말처럼 물이 얼어서 얼음이 되면 색도 지금과 그대로일까?
유아 2 : 아니요. 변할 것 같아요.
유아 1 : 그대로일 것 같아요.
교사 : 그럼 이 물들을 얼려서 얼음을 관찰해 보도록 하자.

이윽고 시간이 흐른 후, 우리들은 얼음을 가지고 다시 모였다.

유아 3 : (갈색 얼음을 보고) 이건 미숫가루에요.
교사 : (얼음을 보여주며) 이 얼음은 어떤 가루를 녹인 얼음일까요?
유아 1 : 색이 똑같아서 모르겠어요.
교사 : 선생님이 보기에도 그냥 눈으로만 봐서는 어떤 가루를 녹인 물인지 모르겠네.
그렇다면 어떻게 해야 어떤 가루를 녹인 것인지 알 수 있을까?
유아 2 : 먹어봐요. 맛으로 찾아요.
유아 1 : 색으로 찾을 수 있어요.
교사 : 좋은 생각이구나. 그렇다면 얼음의 색과 맛으로 가루들을 알아맞혀 보자.
가루를 녹인 물의 맛과 얼린 것의 맛이 같니?
유아 3 : 네, 그런데 얼음으로 얼린 게 더 맛있어요.
유아 2 : 얼음이 시원하기는 한데요, 맛은 같았어요. 소금은 짜요.
유아 1 : 밀가루는 밀가루 맛이 났어요.
유아 2 : 주스가루 얼음은 정말 맛있어요. 또 먹고 싶어요. 얼음이 입 속에서 점점 주스로 변해요.
교사 : 그렇다면 색은 어때? 변한 것이 있니?
유아 1 : 네, 색이 옅어졌어요.
유아 2 : 더 하얗게 됐어요.
유아 3 : 그리고 얼음은 시원해요.
유아 2 : 얼음모양이 예뻐요.
유아 3 : 선생님, 얼음에서는 냄새가 잘 안 났어요.

유아들과 물질을 녹인 것을 얼려 보고, 얼음이 된 후의 상태를 탐색해 보면서 가루들을 녹인 액체 상태였을 때와 비교해 보았다. 가루들이 먹을 수 있는 것들이었기 때문에 유아들은 모두 맛을 볼 수 있었으며, 보다 친근하게 물과 가루의 혼합에 대해서 알 수 있게 되었다. 또 다양한 얼음통의 형태에 따라 얼음의 모양이 바뀔 수 있음을 알게 되면서 물은 고정된 형태를 지니고 있지 않는다는 사실도 알게 되었다.

발견실험 결과

실험결과를 공유하고 여러 가지 물질을 넣었을 때 물의 상태변화를 이해하는 시간을 가졌다.

교사 : 물에 가루들을 넣었더니 어떻게 되었니?
유아 1 : 녹아요.
유아 2 : 잘 안 녹아요.
유아 3 : 그대로 있었어요.
교사 : 그렇구나. 그럼 어떻게 하면 가루를 더 잘 녹일 수 있을까?
유아 1 : 유리막대로 계속 저어주면 더 잘 녹아요.
유아 2 : 맞아요. 통을 흔들어 줘도 잘 녹아요.
교사 : 너희들 말대로 유리막대로 흔들어 주거나 비커를 흔들면 가루가 물에 더 잘 섞이면서 잘 녹았어. 그런데 또다른 방법이 있을까?
유아 3 : 가루를 조금만 넣어요.
교사 : 그렇다면 밀가루로 한번 해볼까?

(소량의 밀가루를 넣어도 물의 변화가 없음을 확인했다.)

교사 : 조금만 넣어도 밀가루는 잘 녹지 않는구나.
유아 1 : 네, 밀가루는 녹지 않아요.
유아 3 : 소금은 많이 넣어도 잘 녹는데….
유아 2 : 가루마다 달라요. 잘 녹는 것도 있고, 잘 녹지 않는 것도 있어요.
유아 3 : 저어주거나 흔들어주면 더 잘 녹아요.
유아 1 : 그리고 녹으면 맛이 나요. 녹아서….

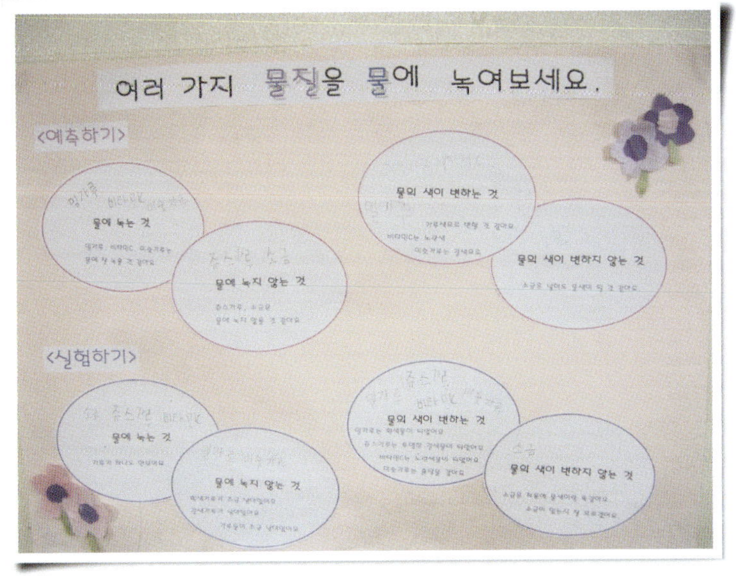

유아들은 물에 녹는 것과 그렇지 않는 것, 색이 변하는 것과 변하지 않는 것을 구분해 보고 직접 실험관찰지를 비교해서 살펴보았다. 또한 가루를 물에 잘 녹이기 위한 방법들을 찾아보고 직접 실험도 해 보았다. 이 실험을 통해 유아들은 일상생활에서 우리가 많이 접하는 먹을 수 있는 가루들의 특성들을 알아보고 물에 녹였을 때의 상태를 비교해 볼 수 있었으며 어떻게 하면 물에 녹은 것인지를 스스로 정의내려 보았다.

유아들이 내린 '물에 녹았다'는 정의

첫째, 물이 투명해야 한다(물에 색이 있을 경우에도 물이 뿌옇지 않으면 녹은 것임).

둘째, 물에서 그 가루의 맛이 나야 한다.

셋째, 유리막대로 저었을 때 가루와 물이 하나로 섞인다.

2) 온도에 따른 물의 변화

실험도구 탐색

실험도구

눈금이 다른 네 종류의 눈금실린더, 깔때기, 온도계, 디지털 저울, 자, 얼음조각, 안전경, 어린이용 망치, 알코올 램프, 유리막대, 아크릴판, 플라스틱 비커, 유리 비커

유아들에게 물의 성질변화를 알아보기 위해 우선은 얼음, 물을 만져보고 비교하였다. 실험을 시작하기에 앞서 실험도구에 대한 소개와 어떻게 사용하는지 이야기를 나누었다. 얼음을 깨거나 물을 가열하여 상태를 알아보는 실험이었기 때문에 안전에 대한 유의와 실험도구를 어떻게 다뤄야하는지 설명되었다.

이 실험을 통해 물의 상태변화를 통해 물의 성질을 이해하고 온도에 따른 물이 상태변화를 알 수 있도록 고려되었다.

발견실험 내용

물의 양 측정

먼저 물을 떠서 실험을 하되 물을 뜨는 것에 있어 비커의 사용법을 알려주고 각각 유아마다 50ml씩 물을 측량하여 담아오도록 하였다.

교사 : 먼저 물을 이 비커에 떠오자. 여기 보면 눈금이 있지. 얼마만큼 뜨면 좋을까?

유아 1 : 50이요. 여기 50이라고 써 있는 데까지 물을 넣어요.

유아 2 : 너무 적어. 70까지 넣어요.

교사 : 좋아. 70까지 물을 넣어서 가지고 모여보자.

유아 3 : 비커 눈금 70ml에 맞춰 물을 떠 가야 해.

그런 후 측정해 온 물을 하나에 모아 담고 관찰해 보았다.

교사 : 이번에는 70ml씩 떠온 물을 눈금실린더에 깔때기를 놓고 부어 모두 물이 얼마인지 알아볼 거야.

유아 2 : 깔때기는 물이 한 방울도 쏟아지지 않게 도와 줄거야.

유아 3 : 내가 눈금을 읽어볼게.

유아 1 : 그런데 이상하네. 우리가 다같이 모았는데 원래 50, 50, 50 더하면 150인데 143이 되었어.

유아 2 : 물이 비커에 달라붙어서 다 안 떨어지나봐.

유아 3 : 조금 아주 조금 모자라.

유아 1 : 내가 비커로 물을 아주 조금 부을게. 150 딱 되게.

측량하여 담은 물을 모아 총량을 재보았고 총량은 유아들이 예상한 양보다 약간 모자라는 양이 나왔으며 이를 통해 같은 양의 물을 한 곳에다 부었을 때 원래 개개의 양과 아

주 동일한 양이 나오지는 않는다는 것을 확인할 수 있었다. 또한, 간단한 실험을 통해 비커와 깔때기, 눈금실린더의 사용법을 익힐 수 있었다.

물과 얼음의 비교 실험

물과 얼음의 실험에 있어서 두 가지 가설을 설정하였다.

첫 번째, 물과 얼음의 온도는 얼마나 차이가 날까?
두 번째, 같은 양의 물과 얼음을 준비하고 얼음을 가열하여 물을 만들면 그 무게는 어떠한가?

이렇게 가설을 설정하고 실험에 앞서 얼음을 망치로 깨어 그 단단한 세기를 확인하고 조각을 내어 실험에 직접 사용하였다.

교사 : 이번에 얼음을 깨보자. 얼음을 깰 때는 이 보호경을 쓸거야.
유아 1 : 왜요?
유아 2 : 그래야 눈에 얼음이 튀어도 안 다치지!

얼음을 망치로 두들겨 조각을 내면서 단단한 정도를 직접 실감할 수 있었다.

유아 4 : 얼음조각을 비커에 담아 저울 위에 올려놓았더니 얼음의 무게가 나와.
유아 1 : 근데 비커는 어떻게 해? 비커도 무게가 나갈 텐데…
유아 2 : 괜찮아, 아까 물을 잴 때도 비커에 담아서 무게는 쟀잖아. 똑같은 비커에 담아서 쟀으니까 괜찮아.

유아 3 : 아니지. 이 비커만 올려 놓고 무게를 재서 빼면 되잖아.

이렇듯 물과 얼음의 무게를 잴 때 정확도를 위해서 담겨있는 비커의 무게까지 재어 이를 빼어 정확한 수치를 측정하고자 했으며, 특히 수치를 잴 수 있는 것이었고 디지털 저울이라 정교한 차이까지 알아낼 수 있었기 때문에 어린이들의 의욕이 더욱 컸다.

물과 얼음 가열 실험

교사 : 이제부터는 얼음을 가열해 볼거야. 알코올램프에 불을 켤 텐데 얼음이 어떻게 되는지 보자.
유아 1 : 얼음을 가열할 때는 손에 닿지 않게 조심해야 돼.
유아 2 : 알코올 램프에 불이 붙으면 삼발이도 아주 뜨거워.
유아 3 : 얼음이 금방 물이 됐어. 그리고 부글부글 끓어.
유아 1 : 방울도 보여. 아주 뜨겁나봐.
유아 3 : 위에 유리에 물방울이 주렁주렁 달렸어. 물이 끓어서 올라갔나봐.

얼음에서 다시 가열하여 물로, 물에서 다시 수증기로, 수증기가 다시 유리판에 물방울로 맺히는 과정을 실험을 통해 확인할 수 있었다. 특히 다양하고 적절한 실험도구를 사용했기 때문에 어린이들의 집중도를 높일 수 있었다.

발견실험 결과

실험결과, 물의 질량은 담겨져 있는 물체에 따라 다소간 변화가 있었고 물과 얼음의 온도는 실제로 측정하였을 때 둘간에 차이가 있었으며 어린이들은 "얼은 물이 얼음이에요", "얼음이 녹으면 물이 돼서 다시 끓이면 하늘로 가요", "하늘로 간 물을 막으면 물방울이 맺혀요" 등 실험을 통해 물과 얼음, 기체 간의 관계를 직접 확인할 수 있었고 실험도구를 정교하게 사용함으로써 수치를 정확하게 잴 수 있었다.

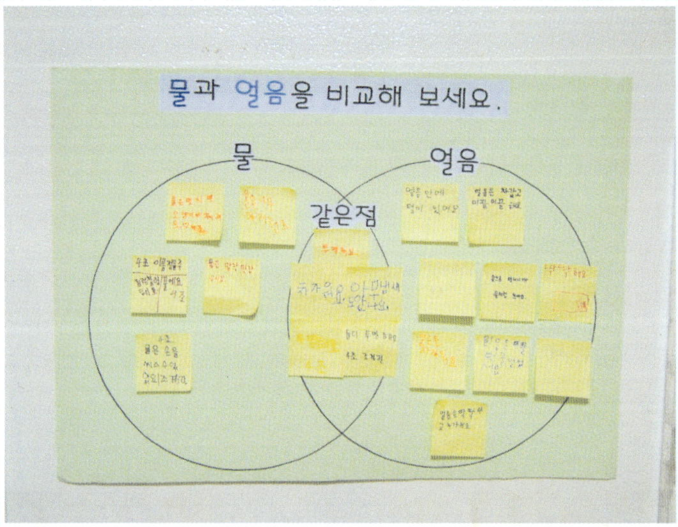

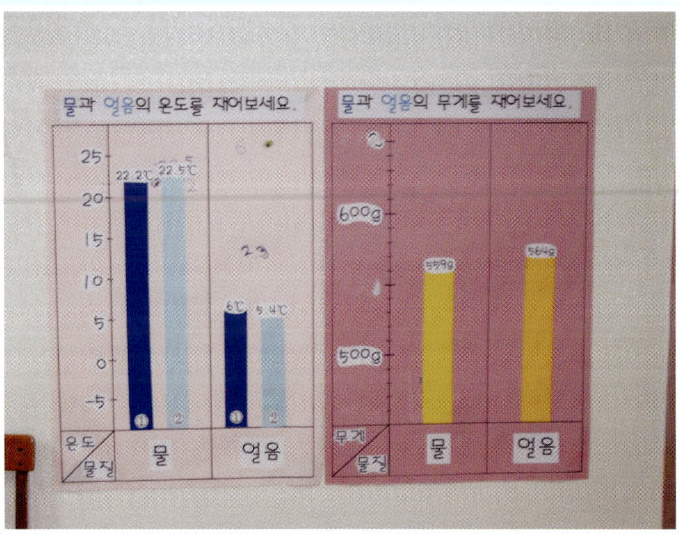

유아들이 작성한 실험 결과

6장

'물'에 대한 발명의 과정

6장 '물'에 대한 발명의 과정

1. 배

'뜨고 가라앉는 것' 실험을 통해 유아들은 무거운 물건은 가라앉는 다는 결론을 얻었다. 그러나 점토로 배를 만들어 띄어보는 실험을 통하여 무거운 물건도 여러 변인에 따라 뜨게 할 수 있다는 것을 알게 되었다. 이러한 실험활동들을 진행하면서 유아들은 물에 뜨는 물건인 배에 대해 관심을 가지게 되었다.

배는 사람이나 짐 따위를 싣고 물 위로 떠다니도록 나무나 쇠로 만든 물건으로 그 모양과 쓰임에 따라 보트, 나룻배, 기선, 군함, 화물선, 여객선, 유조선 따위로 나눈다. 유아들은 여러 가지 배의 종류를 생각하며 다양한 재료와 모양으로 만들어졌지만 물 위에 뜰 수 있는 배를 직접 만들어 보기를 원하였다. 유아들은 '뜨고 가라앉는 선' 실험을 통해 접해 보았던 다양한 재료를 활용하여 배를 만들어 보고자 하였으며, 각자 만들어 보고 싶은 배의 설계도를 그리고 그에 적합한 재료를 선택하였다. 유아들은 아연판, 나무토막, 나뭇가지, 종이, 플라스틱 등 다양한 재료를 이용하여 자신들이 각자 원하는 모양으로 배를 만들고 물에 띄워 보는 경험을 가질 수 있었다.

1) 발명품 계획하기

나만의 배 만들기

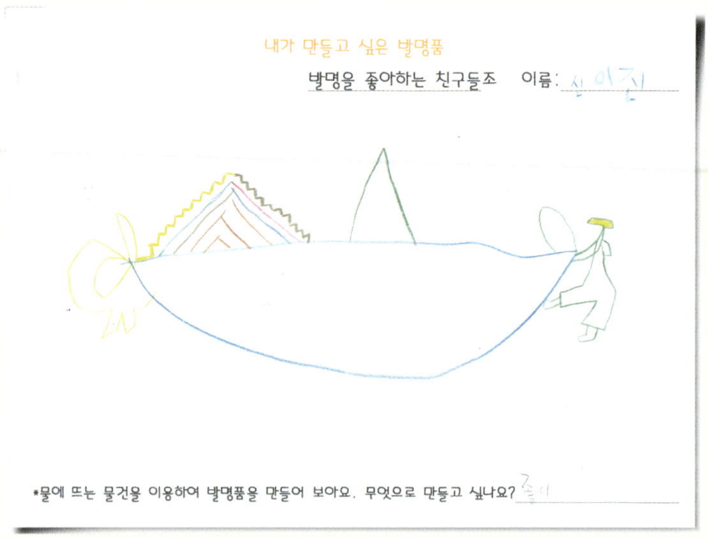
내가 만들고 싶은 발명품

발명을 좋아하는 친구들조 이름: 신이진

*물에 뜨는 물건을 이용하여 발명품을 만들어 보아요. 무엇으로 만들고 싶나요? 종이

"종이배를 만들어서 물에 띄워보고 싶어요. 그런데 종이가 물에 젖어서 금방 가라앉아요. 물에 젖지 않도록 만들어야겠어요."

"나무바닥에 플라스틱병으로 방을 만들고 돛대를 단 배를 만들어 볼 거예요. 나무 위로 물이 안 들어 갈 때 잘 뜨는 것 같아요. 다음에는 배 바닥에 물이 들어가지 않도록 옆을 세워야겠어요."

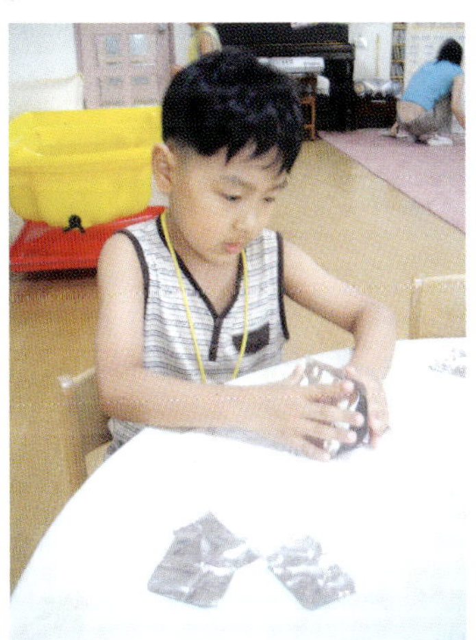

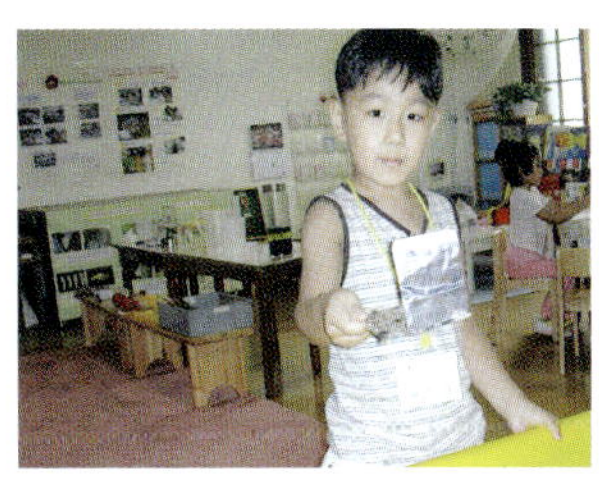

"거북선처럼 쇠가 박힌 튼튼한 배를 만들고 싶어요. 알루미늄 조각들을 테이프로 이어 붙여 배 모양으로 만들었더니 물에 잘 떠요. 우리도 쇠로 배를 만들 수 있어요."

알루미늄 판으로 배 만들기

각자 개인의 배를 만들어 실험하고 놀이하던 유아들은 점차 큰 배, 또한 물에 뜨기 힘든 재료로 만든 배를 만들어 보기를 원하였다. 개인의 배를 만들며, 배를 만들 때 유의해야 할 점들을 느껴본 유아들은 모든 친구들이 함께 힘을 모아 튼튼하고 큰 배를 만들어 보기로 하였다. 크고 튼튼한 배를 만들기 위해 유아들은 쇠를 이용한 배를 만들기 원하였고, '뜨고 가라앉는 것' 실험에서는 가라앉았던 아연판이지만 이것을 이용하여 물에 뜨는 배를 만들어 보자는 의견이 제시되었다.

유아 1 : 있잖아요, 전에 엄마랑 아빠랑 유람선을 탔는데, 그 배는 우리가 타도 무너지지 않게 튼튼한 쇠로 만들어졌더라고요. 우리도 강철쇠로 배를 만들어 보면 안 돼요?

유아 2 : 맞아요. 튼튼한 배를 만들려면 쇠로 배를 만들어야 해요.

유아 3 : 근데 쇠는 물에 가라앉았잖아.

교사 : 하지만 ○○이 말대로 유람선은 무거운 쇠로 만들어졌는데도 물 위에 뜨잖아. 어떻게 유람선은 물 위에 뜰까?

유아 2 : 에이, 그건 배 모양이니까 그렇죠. 점토도 처음에는 가라앉았는데 선생님이 바닥을 펴서 배 모양으로 만드니까 떴잖아요.

유아 4 : 맞아요. 쇠도 배 모양으로 만들면 뜰 거예요.

유아들은 배를 만들 수 있을 것이라 생각하지 못했던 재료를 이용하여 배를 만들어본다는 시도를 하는 것만으로도 큰 기쁨과 도전감을 느낄 수 있었으며, 우리들만의 배를 만들기 위해 서로 협력하여 배를 직접 만들어 보는 과정을 경험할 수 있었다.

2) 발명하기

배 설계도 그리기

배를 만들기로 결정한 후 유아들이 가장 먼저 시행한 것은 배의 설계도를 그리는 것이었다. 인터넷이나 책을 통해 다른 배의 설계도를 살펴본 유아들은 자신들이 만들고 싶은 배의 모습을 그린 후 각 부분을 무엇으로 만들 것인지 의논하여 결정하는 모습을 보였다.

1차 시도 : 알루미늄을 구부려 배 모양으로 만들기

배의 설계도를 완성한 유아들은 설계도의 모양에 따라 알루미늄판을 구부려 본인들이 원하는 모양을 만들기 시작하였다. 알루미늄판은 유아들의 힘에 의해서도 쉽게 구부려지는 재질로 유아들이 직접 배의 모양을 만들기에 적당하였다.

유아 1 : 배 모양으로 만들어야 해. 그래서 물이 잘 떠. 그냥 그렇게 반을 접으면 안 떠.

유아 2 : 배 모양이 어떤 모양인데?

유아 1 : 그건 말야, 아래가 평평하고 넓게 만들어야 해. 그래야 사람도 타고, 다른 조그만 배도 실을 수 있어.

유아 2 : 다른 배도 싣는다고? 그럼 너무 무거워서 가라앉을텐데….

유아 1 : 작은 배는 페트병 같은 가벼운 걸로 만들면 돼. 그리고 우리가 만드는 배는 튼튼한 쇠로 만드는데 뭐가 문제야?

유아 2 : 아니야, 그래도 너무 무거우면 배가 가라앉아.

교사 : 그럼 우리가 만든 알루미늄 배가 얼마나 튼튼한지 너희가 만든 작은 배들을 실어볼까?

(많은 배를 싣자 배는 무게를 이기지 못하고 가라앉는다.)

유아 2 : 거봐, 많이 실으니까 가라앉지? 무거워서 그런 거야.
유아 1 : 그럼 가벼운 배만 싣자. 그럼 안 가라앉을 거야.

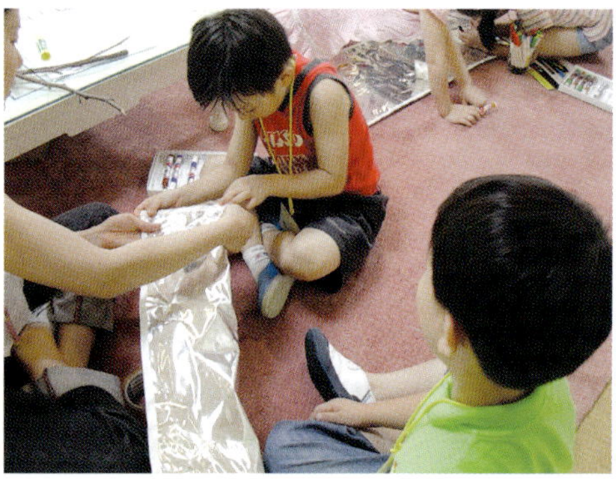

이미 물체의 무게와 재질, 모양에 따라 물에 뜨는 것 또한 변할 수 있다는 것을 경험한 유아들은 물에 가장 잘 뜨기 위한 물체의 조건들을 이야기하며 모양을 수정하고, 물체의 무게를 수정해 나가는 모습을 볼 수 있었다.

2차 시도 : 물이 새는 곳이 없도록 튼튼하게 만들기

배의 모양을 만든 뒤 물에 띄워 본 유아들은 배 모서리의 틈새 사이로 물이 새어 배가 점점 가라앉는 것을 발견하였다.

유아 1 : 어, 배가 가라앉네.
유아 2 : 저기 물이 새.
유아 3 : 우리가 테이프를 꼼꼼히 붙이지 않았나봐. 저 끝으로 물이 들어오는 것 같아.

물이 새면서 가라앉는 배를 발견한 유아들은 배를 만들려면 물이 새지 않도록 해야 한다는 것을 알 수 있었다. 유아들은 물이 새지 않도록 배의 모서리 부분에 테이프를 여러 겹 붙여 주었다.

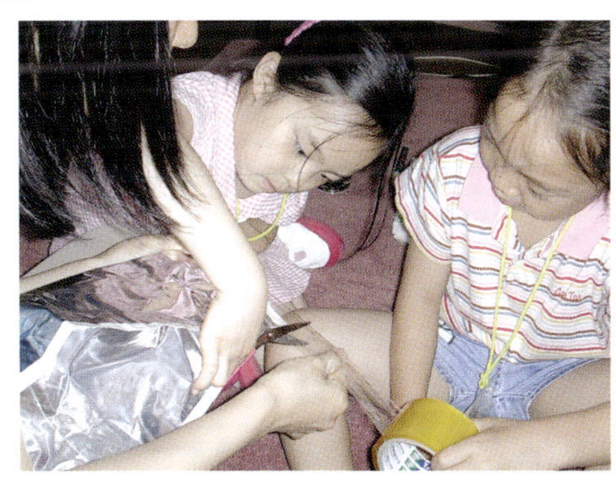

배 꾸미기 : 우리들의 배를 알릴 수 있는 표시 만들기

유아들은 물이 새지 않는 만족할 만한 배를 만들게 되자 우리의 배임을 표시할 수 있는 표시들을 만들어야 한다는 이야기를 했다. 유아들은 배의 본체를 매직을 이용해 꾸며 주고, 스티로폼과 나뭇가지, 종이 돛 등을 이용하여 돛대를 만들어 주었다.

2. 수차

1) 발명 계획하기

유아들과 다양한 실험활동을 진행한 후 물의 힘을 사용하여 관련된 발명품을 만들기 위해 고심하게 되었다. 다방면으로 물의 힘을 사용한 기구나 발명품에 대해 알아보던 중 물레방아에 관심을 갖게 되었다.

물레방아는 떨어지는 물의 힘으로 바퀴를 돌려 곡식을 찧거나 빻는 기구를 의미한다. 큰 나무 바퀴와 굴대에 공이를 장치하여 바퀴가 돌 때마다 공이가 오르내리며 곡식을 찧거나 빻는다.

물레방아의 원리를 이해하면서 더 나아가 단순히 물의 힘으로 돌아가는 물레방아에서 그치지 않고 물의 힘을 받아 돌면서 그 힘으로 무언가를 움직여 소리를 내게 하거나 찧어 내는 연결장치를 가진 것을 구상하게 되었다. 자료수집 결과, 전문적으로 물의 힘을 받아 일을 하는 물레방아를 수차(水車)라고 부른다는 것을 알 수 있었다. 그래서 물레방아를 돌려 할 수 있는 일을 소개하고 수차를 효율적으로 돌리기 위한 물레방아 날개에 대한 토론이 시작되었다.

교사 : 여기 보자. 이것이 무엇일까?

유아 1 : 나 이거 아는데, 물레방아에요.

유아 2 : 공원 갔을 때 봤어요. 위에서 물이 떨어지면 바퀴가 계속 굴러요.

교사 : 물레방아는 왜 있는 걸까?

유아 2 : 예쁘라고요. 빙글빙글 돌면 예쁘니까.

유아 3 : 물레방아는 옛날 거예요. 옛날 거는 원래부터 있어요.

유아 4 : 물의 힘을 보여주려고요. 물이 떨어져야 도니까. 사람들에게 물의 힘을 보여 주려고.

교사 : 옛날 사람들은 물레방아를 왜 만들었을지 이야기해 보자. 옛날에는 물레방아에 막대기를 연결해서 곡식을 빻았대.

유아 1 : 곡식을 왜 빻아요?

유아 3 : 안 그러면 밥을 먹을 수가 없잖아. 그것도 모르냐.

유아 4 : 막대기를 연결해서 어떻게 빻아요?

교사 : 한번 알아보자. 여기 사진을 봐. 물레방아가 돌아가면서 이 방망이가 콩콩 찧는 거야.

유아 1 : 신기하다. 내가 본 공원 물레방아에는 이런 거 없었는데.

유아 2 : 나도 갈비집에서 봤는데 그런 거 없었는데.

옛 수차의 모습

수차를 움직이기 위한 물레방아 날개 구상

유아들은 막연히 물이 차서 돌고 있는 물레방아만을 기억하고 있다가 물레방아가 물에 의해 돌면서 무언가에 힘을 주어 일을 한다는 것을 무척 신기해 하였다. 보기에만 좋은 감상용 물레방아가 아니라 제 구실을 하는 수차를 만들기 위해 설계도를 그려 보기로 하였다. 그려 보기 전에 우선 물놀이용 물레방아에 물을 넣어 돌아가는 모습을 관찰하였고 그런 다음 수차 모형을 살펴보았다.

유아 1 : 이 물레방아는 손으로 돌려도 잘 돌아가.

유아 2 : 진짜는 손으로 안 돌려. 물을 가져다가 어떻게 되는지 보자.

(화장실로 몰려가서 세면대에서 물을 넣어 확인한다.)

유아 3 : 봐, 물을 위로 넣으니까 물레방아 날개 위에 떨어지면서 막 돌아가.

유아 4 : 진짜 빨리 돈다. 날개가 다 합쳐진 것 같아.

유아 2 : 아예 그냥 다 파란색으로 보인다.

이렇듯 물놀이용 물레방아에 물을 넣어 관찰함으로써 직접 물에 닿는 날개가 중요하다는 것을 알 수 있었다. 이 실험 후 모형수차로 물레방아가 돌아가면서 곡식을 빻는 원리를 이해해 보았다.

교사 : 자, 물레방아를 어떻게 만들어야 할까? 먼저 여기 모형수차를 한번 봐. 물레방아가 돌아가면서 어떻게 되니?

유아 1 : 앞에 있는 긴 막대를 때려서 움직이게 해요.

유아 2 : 위, 아래로 막 움직여요

교사 : 저 움직이는 막대 앞에 무엇을 가져다 놓으면 어떻게 될까?

유아 3 : 막 맞겠지요. (웃는다)

유아 2 : 하하. ○○가 저기 있으면 머리에 계속 맞겠다.

교사 : 그래, 저기에 옛날에는 곡식을 놓고 막대가 움직이면서 막 때려서 빻게 한거야.

유아 3 : 가루가 됐겠네.

교사 : 무슨 말이야?

유아 4 : 엄청 센 물레방아가 있으면 곡식이 가루가 되요. 아주 힘이 세면.

유아 2 : 물이 아주 많이 쏟아져도 엄청 잘 찧어지겠다.

교사 : 왜 그렇게 생각하니?

유아 2 : 왜냐면 물이 아주 세면 물레방아가 세지고, 물레방아가 세면 막 치니까 막대도 막 쳐지고, 그러면 팍팍 찧잖아요.

우선 유아들과 설계도를 그리기 전에 수차 모형을 제작한 것을 함께 움직여 보며 물레방아가 튼튼하고 효율적이어야 앞에 놓여 있는 곡식통이 잘 찧어질 수 있겠다는 결론에 도달하였다. 이렇듯 모형을 가지고 실험을 해본 후 물레방아의 날개에 대한 중요성을 인식하게 되었고 이는 설계도에 반영되었다.

교사 : 자 그럼 이제 설계도를 그려보자. 어떤 날개를 만들어야 물레방아가 돌아가면서 막대를 쳐서 많이 빻을 수 있을지 생각해보자.

유아 1 : 나는 넓고 편편한 날개를 4개 만들거야, 천천히 힘차게 돌아갈 수 있게.

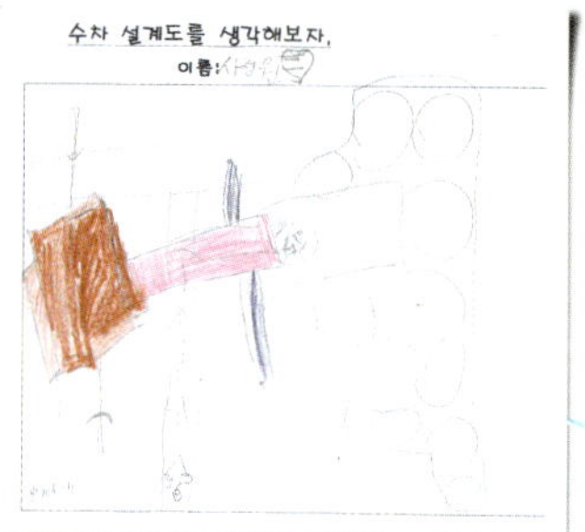

날개가 많아야 그래야 물레방아지, 물을 많이 받아서 엄청 빠르게 움직일거야.

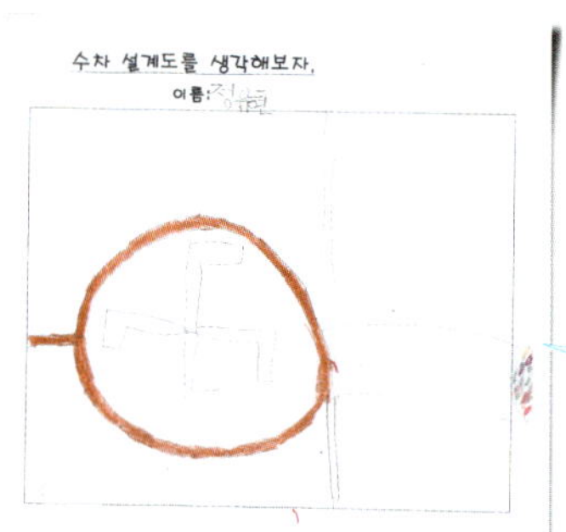

내 건 끝이 꺾어진 갈고리 모양이고, 물레방아 날개는 4개야. 이런 물레방아라면 물을 잔뜩 돌릴 수 있을거야.

이건 꽃 물레방아야. 꽃처럼 날개가 많아. 세모 모양이고 아주 빨리 돌면서 물을 많이많이 보내서 막대를 빨리 찧을거야.

나는 날개가 5개야. 4개는 너무 적고 물레방아 같지 않은걸. 5개가 딱 좋아.

설계도를 그리면서 유아들은 서로의 설계도를 보고 토론이 시작되었는데 물레방아의 날개가 적어야 더 곡식을 잘 빻는지, 날개가 많아야 곡식을 더 잘 빻는지에 대한 논쟁이 벌어졌다.

유아 1 : 날개가 적어야 더 힘이 세.

유아 2 : 아니야. 날개가 많아야지. 물을 많이 많이 받을 수 있지.

유아 4 : 날개가 많으면 빨리빨리 돌아가잖아.

유아 3 : 그렇지만 날개가 적어야 힘이 세게 찧을 수 있는 것 같은데.

유아 2 : (사진의 물레방아를 가리키며) 이거 봐. 할아버지 물레방아도 날개가 많잖아.

물레방아가 움직이며 막대를 때려 절구를 찧는다면 어떤 날개가 세고 빠르게 찧을 수 있는지 서로 대립하였다. 폭이 좁은 날개와 넓은 날개, 날개가 많은 것과 적은 것에 대해 비교하며 물이 닿았을 때 어떤 쪽이 효율적으로 곡식을 찧을지 토론하였다. 또한 그 토론을 보면서 자신의 설계에 대해 곰곰히 생각하여 수정하는 유아들도 있었다.

내 생각엔 작은 날개와 큰 날개가 모두 다 필요할 것 같아. 작은 날개는 빠르게 돌게 해 주고, 큰 날개는 세게 해 줄거야.

이렇듯 다른 유아들의 토론을 보며 수정하여 두 가지를 합친 물레방아 형태도 나왔다. 그런 중에 한 유아는 곡식을 많이 빻아야 한다는 것에 착안한 듯 한꺼번에 세 개의 막대를 움직여 세 군데서 곡식을 빻는 물레방아 수차를 설계하기도 하였다.

이렇듯 설계도를 그려 물레방아의 폭과 개수 등에 대해 열띤 토론을 하며 계획한 후 실제로 만들어보는 시간을 가져보았다.

2) 발명하기

수차에 넣을 물레방아를 직접 만들어보기

설계도를 참고로 하여 각자 물레방아를 만들기 시작하였다. 기본 재료는 색 우드락을 다양한 크기로 잘라 준비해 주었고 동일한 날개 크기나 특정한 모양을 원할 때는 교사가 도움을 주었다.

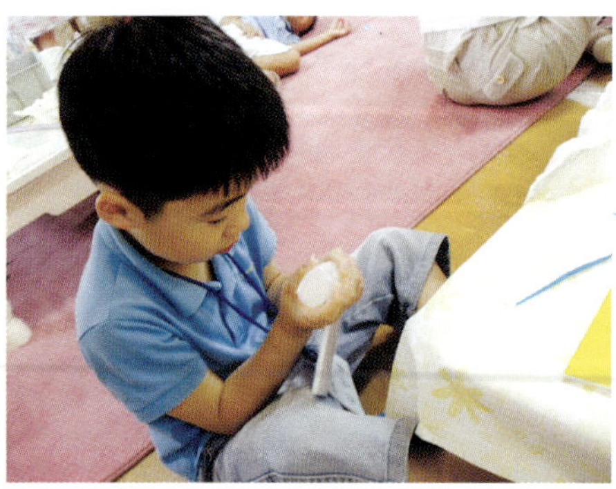

선생님, 나 이 모양으로 잘라 주세요. 여기 부러지면 안돼요. 칼로 잘라 주세요.

나는 둥근 통이 필요해요.
(플라스틱 통을 찾아낸다.)
날개가 많이 있어야 돼. 선생님, 이거랑 똑같이 32개 잘라 주세요.

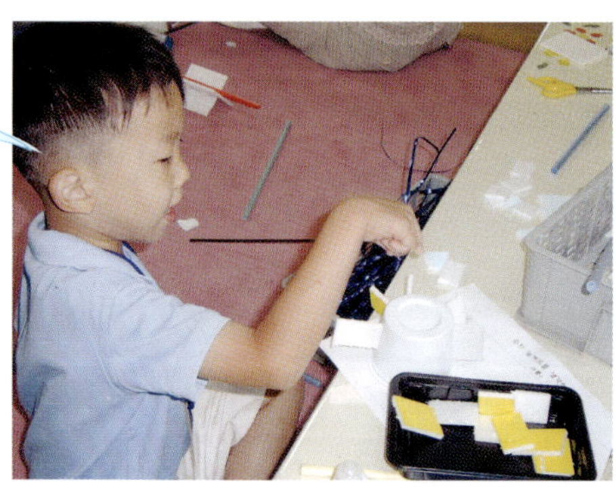

나는 4개의 날개가 넓고 편편한 것을 만들었어, 잘 안 붙어서 이렇게 꼭 잡고 기다려야 해.

세모 모양으로 날개를 했어요. 그런데 진짜 꽃 모양으로 붙이면 날개가 안 돌아요. 이렇게 세워서 붙여야 빙빙 돌아요.
(원 모양이라 붙이기가 쉽지 않다. 그러자 다른 원통형 통으로 바꿔 붙이기 시작한다.)

많고 작은 것이 혼합되어 있는 물레방아들도 나타났다.

몇몇 유아들은 다른 유아들의 논쟁을 듣고 수정하여 날개에 두 가지를 같이 고려하였는데 그렇게 하면 빨리 돌고 힘도 세질 수 있다고 생각을 하는 것 같았다.

편편한 날개와 작은 날개가 함께 있는 물레방아가 좋겠어. 힘도 세고 잘 돌아 갈거야. 이렇게 작은 날개들도 붙였어.

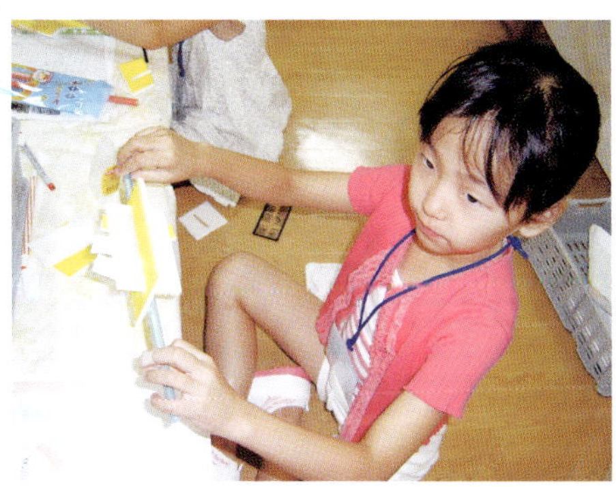

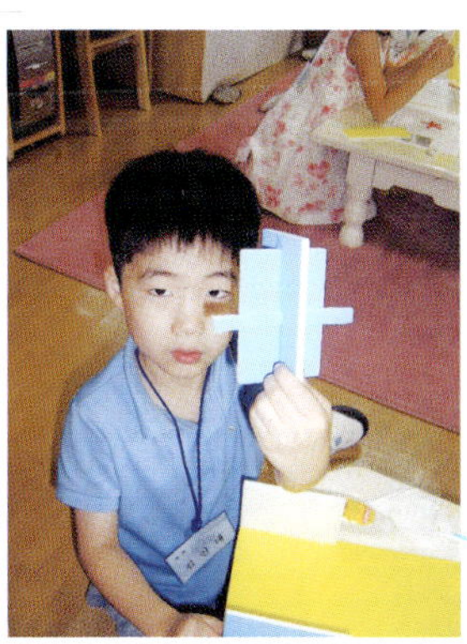

작은 날개와 큰 날개를 함께 붙였어. 작은 날개는 빠르게 돌게 해 주고, 큰 날개는 세게 해 줄거야.

이렇듯 다른 유아들이 다양하게 물레방아를 구상하는 동안 유아 중 또 다른 한 명은 물레방아가 아닌 막대를 변형시켜 세 군데에서 찧도록 하고 싶었던 것을 만들어보고 있었고, 또 다른 유아는 수차 안에 들어갈 수력 구동장치(사전에 댐에 가서 전기장치가 구동되는 것을 보고 온 유아가 있었다)를 만들고 있었다.

선생님 이렇게 막대기를 3쪽으로 하면 되요, 그러면 물레방아가 돌아가면서 3군데에서 다 찧을 수 있어요.

나는 수차가 전기로 움직일 수 있게 아주 많이 힘을 쓸 수 있게 전기장치를 만들었어요. 스위치를 누르면 비잉~ 돌아서 물레방아를 막 움직여요. 전기로 하면 아주 세요.

수차를 위한 구동장치

완성된 물레방아들

완성된 물레방아들은 한 곳에 모아졌다. 날개 수와 생김새 등을 서로 비교해보고 어떤 것이 수차에 넣어 가장 막대를 잘 움직여 곡식을 빻을지 심사하게 되었다.

완성된 물레방아를 심사하는 아이들

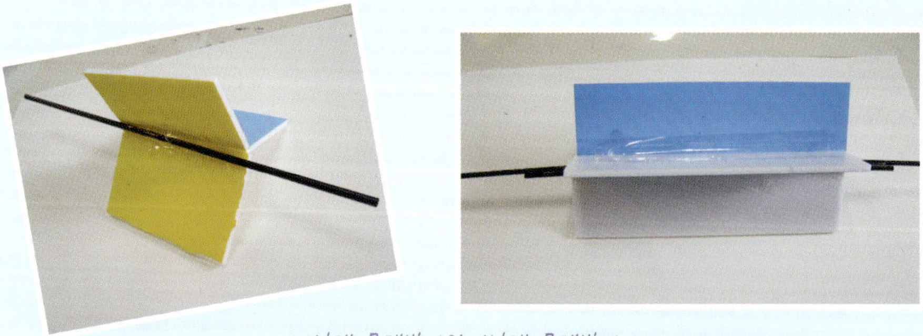

3날개 물레방아와 4날개 물레방아

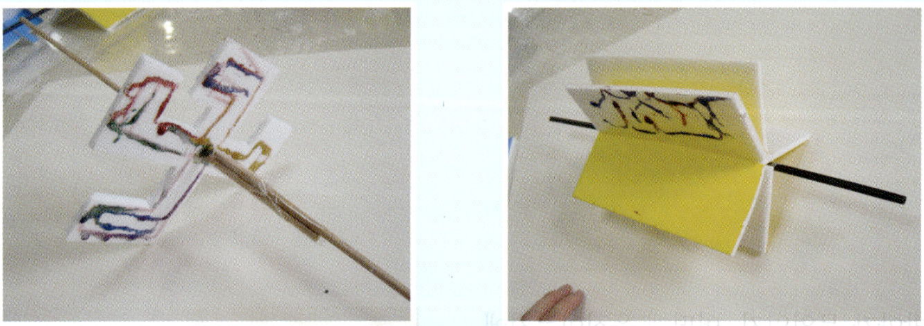

굽은 4날개 물레방아와 5날개 물레방아

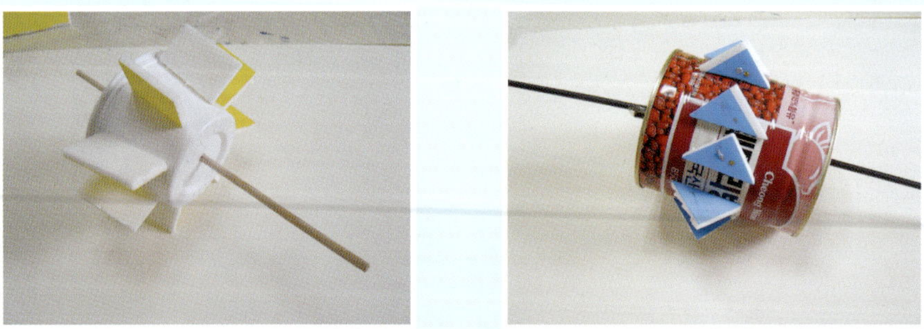

날개가 많은 물레방아들

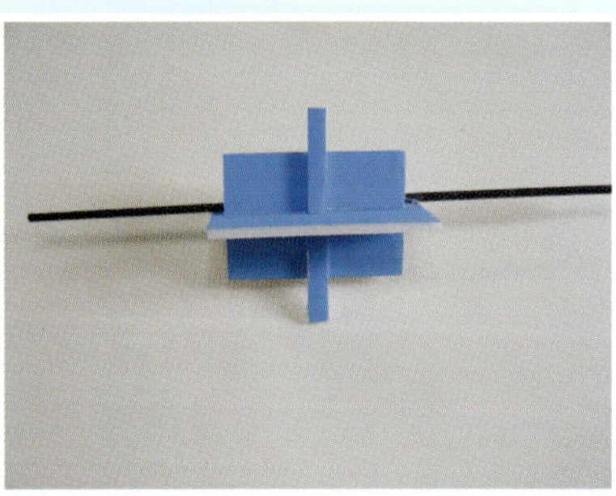

혼합형 물레방아들

만든 것을 모두 모아 한 테이블 위에 놓고 서로 이야기를 나눈 후 차례로 물레방아 틀에 끼워 보았다. 물레방아가 돌아가며 찧는 것을 실험해 본 결과 폭이 넓고 두툼한 물레방아가 가장 힘 있게 방아를 찧음을 알 수 있었다.

유아 1 : 날개가 많으면 가벼워서 빠른데 힘이 없어.
유아 4 : 날개가 너무 작아도 끼울 수가 없어.
유아 3 : 크고 두툼한 이 물레방아가 좋겠어.

이렇듯 물레방아를 직접 만들어보고 서로 의견을 내어 날개의 수와 폭에 대해 갈등한 후 각자 만들어 보고 직접 틀에 끼워 물을 부어 돌아가는 것을 관찰하여 최종적으로 가장 곡식을 힘 있게 잘 찧을 수 있는 것을 결정하였다.

물레방아가 무엇인지, 어떻게 움직이는지에서 시작된 탐색은 효율적으로 일을 하기 위한 물레방아 날개와 수차를 구상하여 설계하는 것으로 이어졌다. 물레방아 날개의 폭과 개수에 대해 열의 있는 토론이 있었으며, 이에 설계도에 따라 물레방아를 만들어보고 실제 구동 장치에 끼워 넣어 실험해보아 가장 효율적인 물레방아 수차를 발명할 수 있었다.

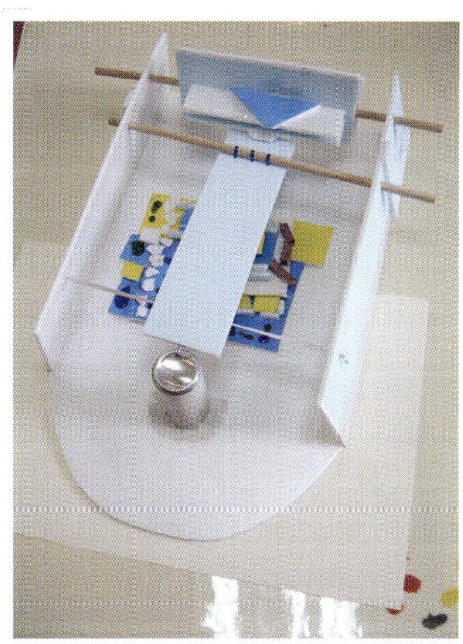

최종 결정된 물레방아가 틀(수차)에 끼워진 모습
(수차 안에 구동장치를 함께 넣은 모습)

3. 정수기

1) 발명품 계획하기

'고이는 물' 실험과 '물에 여러 가지 물질 녹여서 변화 관찰하기' 실험을 통해 유아들은 물의 흐름과 물의 용해성에 대해 알게 되었다. 물이 흐르면서 자연스럽게 여러 물질이 물속에 녹거나 녹지 않은 상태로 함께 움직인다는 사실을 알게 된 유아들과 자연스럽게 물의 오염에 관한 이야기를 나누면서 우리가 다시 물을 원래의 상태로 깨끗하게 만들어 볼 수 있을까에 대한 의문을 제기하였다.

교사 : 우리가 한 실험을 통해 선생님은 물이 어느 곳이든지 흘러가 도착할 수 있다는 점을 알 수 있었어. 너희들은 무엇을 알게 되었니?
유아 1 : 물속에 여러 가루들이 섞여 있어요.
유아 2 : 흙도 섞일 수 있고, 또 모래도 있을 수 있어.
유아 3 : 어떤 가루는 물에 완전히 녹아 있어요.
유아 2 : 또 안 녹고 그냥 물이랑 같이 있는 것도 있어.
교사 : 그렇구나. 그렇다면 물에 녹지 않고 함께 흐르는 것에는 무엇이 있을까?
유아 3 : 머리 감으면 나오는 거품이요.
유아 1 : 우리가 버린 쓰레기랑 과자요.
유아 2 : 사람들이 버린 비닐이요.
유아 4 : 작은 쓰레기랑 먼지도 있어요.
교사 : 그렇구나. 너희들이 이야기한 것처럼 우리가 버린 것들이 녹지 않고 물이랑 함께 흐르면 어떨 것 같니?
유아 1 : 더러워요.
유아 4 : 냄새나요.
유아 2 : 파리가 많아요.
교사 : 그렇구나. 선생님 생각에도 아주 더러운 물이 될 것 같아. 그러면 혹시 우리가 물을 다시 맑게 해 줄 수 있을까?
유아 3 : 네, 있어요.
교사 : 더러운 물을 어떤 방법으로 깨끗하게 바꿀 수 있을까?

유아 4 : 더러운 물은 다시 못 써요.
유아 2 : 체에 걸러요.
교사 : 잠깐, 우리 교실에도 물을 깨끗하게 걸러주는 것이 있는데, 뭔지 알고 있니?
유아 1 : 정수기요.
교사 : 그래, 바로 이 정수기가 물을 더 깨끗하게 해줘서 우리가 마실 있도록 만들어 주는 장치예요.
유아 1 : 알았다! 선생님, 정수기를 만들면 물을 깨끗이 쓸 수 있어요.
유아 2 : 맞아. 선생님 우리 정수기 만들어요.
유아 4 : 우리 조가 장영실이니까 장영실 정수기를 만들어요. 그런데 정수기 안에 뭐가 있어요?
유아 3 : 물을 깨끗하게 하는 기계가 들어 있어.
유아 2 : 나도 집에서 봤어요. 동그란 기계가 있어.
교사 : 우리 함께 볼까? (정수기 안의 필터를 보여주며) 너희들이 말한 것처럼 정수기 안에는 이렇게 생긴 것이 들어 있네? 이게 왜 있는 걸까?
유아 4 : 그게 있어서 더러운 걸 못 지나가게 해요.
교사 : 그렇구나. 그럼 이것처럼 우리가 알고 있는 것들을 이용해서 더러운 물이 못 지나가는 정수기를 만들어 볼까?
유아들 : 네.

2) 발명하기

발명을 위한 실험

본격적으로 정수기를 만들기 위한 토의가 진행되고 정수기 만들기에 사용할 재료들을 알아보았다. 그리고 다양한 재료들을 보고 어떤 재료가 가장 물을 깨끗이 할 수 있는지 다양한 예측 · 실험을 통해 최종적으로 우리가 만들 정수기의 모형에 대해 생각해 보는 시간을 가졌다.

교사 : 선생님이 정수기를 만들 커다란 물통을 준비했어요. 이 안에 우리가 무엇인가를 넣어서 정수기를 만들어 볼 건데, 어떤 것이 들어가면 더러운 물이 깨끗하게 변화시킬 수 있을까?

유아 1 : 선생님! 자갈이랑 모래를 넣어요.

유아 2 : 진흙도 넣어요.

유아 3 : 안돼. 진흙을 넣으면 물이 흙탕물이 되잖아.

유아 1 : 깨끗한 자갈이랑 모래를 넣으면 될 것 같아요.

유아 3 : 자갈이요.

유아 2 : 모래는 꽉 막혀서 물이 안 내려갈 것 같아요.

유아 3 : 숯은 물을 더 검게 할 것 같아요.

교사 : 너희들이 여러 가지 생각처럼 우리가 미니 정수기를 만들어 어떤 재료가 가장 물을 깨끗이 바꾸는지 실험을 해 보자.

페트병을 잘라 미리 의논한 재료를 한 가지씩만 넣은 미니 정수기를 만들어 준비된 오수를 직접 걸러 보았다.

미니 정수기 비교 실험

교사: 미니 정수기를 만들어서 더러운 물을 부어보니까 어떻게 됐어요?
유아 3: 돌멩이를 넣는 것은 그대로인 것 같아요.
유아 1: 조금 깨끗해진 것 같아요.
유아 2: 아직 물이 깜깜해요.
교사: 이렇게 한 가지 재료만을 이용해서 우리가 미니 정수기를 만들어 보았는데, 더러운 물이 조금은 깨끗해졌지만, 그래도 아직은 너무 더러운 것을 알 수 있어. 어떻게 하면 이것보다 물을 더 깨끗하게 만들 수 있을까?
유아 1: 더 커다랗게 만들어요.
유아 3: 모래, 자갈을 더 많이 넣어요.
유아 2: 전부 다 넣어봐요.
교사: 정말 좋은 생각인 것 같아. 그러면 너희들이 말한 것처럼 더 커다란 통에 재료들도 더 많이 넣고, 여기 있는 모든 것을 한번 넣어보자.
유아 2: 순서대로 넣어야 해요.
유아 1: 같은 것끼리 넣어요.
교사: 그래. 한번에 다 섞어서 넣는 것이 아니라 크기별로 넣어야 물이 잘 흐를 수 있을 것 같아. 그렇다면 알갱이가 제일 작은 것을 먼저 넣을까? 아님 제일 큰 숯을 먼저 넣을까?
유아 3: 숯을 먼저 넣으면 구멍으로 깨끗한 모래랑 작은 자갈이 모두 떨어지잖아요.
유아 1: 맞아. 작은 것부터 넣는 것이 좋겠어요.
유아 2: 큰 것을 먼저 넣으면 물이 잘 안 빠질 것 같아요.
교사: 그렇다면 넣어보기 전에 설계도를 그려보고 만들어 보는 게 어떨까?
유아 2: 좋아요.

정수기 만들기

위에서 의논한 대로 알갱이가 작은 것에서부터 큰 것 순으로 유아들은 각자의 개성에 맞게 설계도를 그리기 시작했다. 이어서 설계도를 기초로 정수기 만들기를 시작했다.

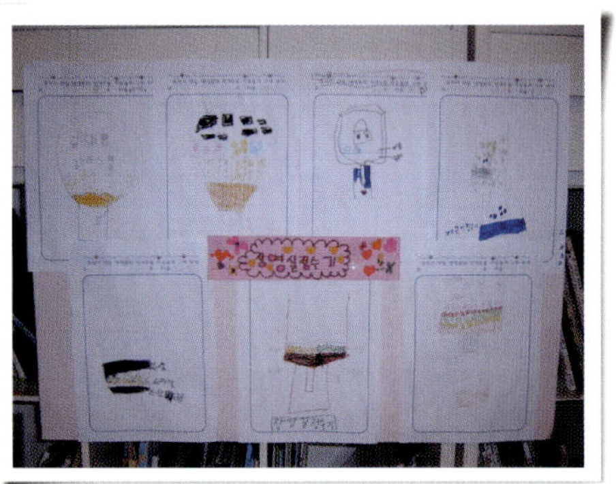

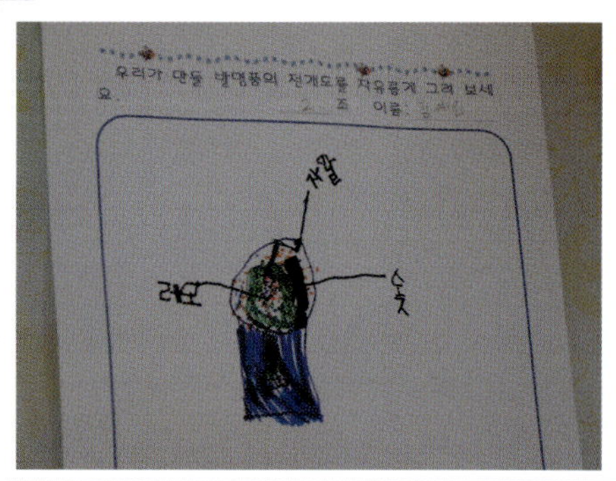

정수기 설계도를 그리는 유아들

준비물 및 만드는 방법

- 준비물 : 커다란 정수기용 물통(밑 부분을 잘라낸 것), 거즈, 깨끗한 모래, 작은 자갈, 큰 자갈, 숯, 비커, 더러운 물
- 만드는 방법 : ① 물통 입구를 테이프로 막고 작은 구멍을 여러 개 낸다.
  ② 거즈를 펴서 넣는다.
  ③ 깨끗한 모래를 넣는다.
  ④ 작은 자갈을 넣는다.
  ⑤ 큰 자갈을 넣는다.
  ⑥ 숯을 넣는다.
  ⑦ 정수기 만들기 완성

교사 : 너희들이 말한 대로 먼저 여기 있는 거즈를 깔고, 깨끗한 모래를 넣자. 다음에는 무엇을 넣을까?

유아 1 : 작은 자갈을 넣고 큰 자갈을 넣어요.

유아 2 : 하얀 돌멩이도 넣어요.

교사 : 그리고 가장 마지막에 제일 큰 숯을 넣어보자.

장영실 정수기를 만드는 유아들 - 알갱이가 작은 것부터 넣어요!

완성된 정수기에 더러운 물을 넣기 전에 유아들과 물의 오염에 대한 이야기를 더 나눈 후 더러운 물을 정수기에 넣고 물이 정화되는지를 관찰했다.

교사 : 자, 이제 정수기가 완성되었어. 그런데 물을 넣어보기 전에 어떻게 해서 물이 더러워지는지 너희들은 알고 있니?
유아 2 : 더러운 먼지들을 물로 씻으면 그 물이 더러워져요.
유아 1 : 빨래하면 그래요.
유아 3 : 머리 감고, 비눗물이 강에 가면 물이 더러워져요.
유아 1 : 비가 오면 물이 더러워져요.
교사 : 너희들이 말한 대로 우리 생활에서 물이 더러워지는 경우는 참 많이 있단다. 그렇다면 이제 더러워진 물을 우리가 만든 정수기에 넣어보자. 물이 어떻게 변하는지, 과연 정말 깨끗해지는지 한번 볼까?

(더러운 물과 정수기에서 걸러진 물을 서로 비교해 보았다.)

교사 : 더러운 물을 우리가 만든 정수기에 부으니까 어떻게 되었니?
유아 1 : 정수기 위에 쓰레기가 있어요.
유아 2 : 물이 정말 깨끗해졌어요.
교사 : 어떻게 더러웠던 물이 깨끗해진 걸까?
유아 4 : 이 큰 정수기를 지나면서 쓰레기가 걸러졌어요.
유아 3 : 깨끗한 모래랑 돌멩이가 물속 쓰레기를 못 내려가게 했을 것 같아요.
교사 : 맞아. 우리들이 정수기에 넣었던 모래와 자갈, 돌멩이, 숯, 작은 돌들이 물이 깨끗이 걸러질 수 있도록 해줘서 이렇게 우리가 깨끗한 물을 다시 볼 수 있게 되었단다. 자, 아주 더러웠던 물이 이렇게 맑게 변하니까 어때?
유아 2 : 기분이 너무 좋아요.
유아 4 : 마셔 보고 싶어.
유아 1 : 우리가 마술사가 된 것 같아요!

2조 유아들은 깨끗하게 걸러진 물을 보고 무척 흐뭇해했다. 우리들은 발명이 성공한 것을 서로 축하하는 의미에서 다함께 박수를 쳤다. 이 정수기 발명을 통해 유아들은 물이 흐르면서 쉽게 오염이 될 수 있지만 물의 흐름을 이용하여 또다시 깨끗하게 만들 수도 있다는 사실을 알게 되었다. 이어서 우리는 발명품 전시회에서 우리가 만든 정수기를 소개할 준비를 시작했다.

4. 물레방아

유아들은 페트병과 PVC 수로를 이용한 '물의 흐름' 실험과정에서 물이 흐르기 위해서는 물의 힘이 필요하다는 사실을 알게 되었다. 물의 힘을 이용한 발명품을 직접 제작해 보고 싶어 했으며 물의 힘을 이용한 물건들에 대한 생각 모으기 과정을 거쳐 물레방아를 직접 발명해 보기로 했다.

1) 발명품 계획하기

유아들은 물레방아를 제작하기 위해 물레방아의 모양과 물레방아 날개가 잘 돌아가기 위한 설계방법에 대한 토론이 이루어졌다.

물레방아 설계도 구성하기

물레방아는 어떤 모양일까?

바깥놀이 시간에 물놀이 도구인 물레방아 놀잇감을 가지고 놀이해 본 경험과 사진자료를 통해 물레방아에 대해 알고 있는 생각들을 기초로 유아들은 물레방아의 형태에 필요한 생각들을 이야기했고, 날개, 돌아가는 축, 세우는 기둥이 필요하다는 점을 인식하였다.

유아 1 : 물이 떨어지면 바퀴가 돌아가요. 날개 간격이 똑같아야 돼요.

유아 2 : 물레방아에서 물이 떨어지면 큰 힘이 생겨요. 그래서 곡식을 빻을 수도 있어요.

유아 3 : 날개가 바퀴처럼 돌아가야 돼요.

유아 4 : 날개에 물이 떨어지는 힘으로 물레방아가 돌아가요.

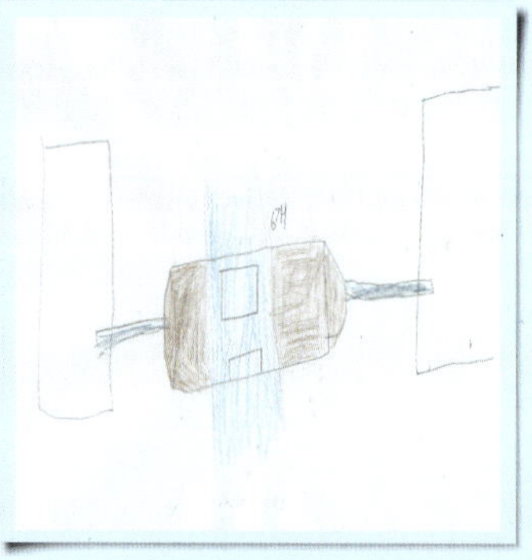

유아 5 : 날개를 붙일 수 있는 통에 똑같은 구멍을 뚫어서 돌아갈 수 있게 해야 돼요.

유아 6 : 물레방아를 만들려면 똑같은 구멍 2개랑 기둥이 필요해요.

물레방아 설계도를 구상하는 유아들

각 유아들은 자신이 생각하는 물레방아의 형태를 개인 설계도로 구상한 후 서로의 보완점을 협의하여 공동의 설계도로 나타내어 설계를 위한 준비를 해나갔다.

물레방아에 대한 생각들

날개

교사 : 물레방아는 어떤 모양일까?

유아 1 : 날개가 있어야 돼요. 근데 물레방아 날개는 젖으면 안 돌아가요. 물에 젖지 않는 단단한 종이로 만들면 되겠다.

유아 2 : 날개가 많을수록 물레방아가 잘 돌아가요.

유아 3 : 아니야. 너무 많은 날개는 필요 없어.

유아 2 : 날개 사이에 물이 들어가는 공간이 필요해요. 서로 마주보게 만들면 되니까 6개가 가장 적당할 것 같아요.

유아 4 : 대신 날개 간격이 같아야 돼.

날개를 만드는 모습

돌아가는 축

유아 1 : 날개를 붙일 수 있는 통이 필요해.

유아 2 : 날개가 돌아가려면 이 통이 잘 돌아가야 해.

유아 3 : 통을 뭐로 만들지?

유아 4 : 동그란 모양이어야 하니까 깡통이 좋겠어.

유아 2 : 동그란 음료수 병으로 해도 좋겠다.

유아 5 : 그리고 양쪽에 구멍이 있어야 돼. 거기에 막대를 끼우면 되잖아.

유아 3 : 와, 잘 돌아간다. 구멍이 똑같이 있어야 해.

깡통으로 날개축을 만드는 모습

단단하게 기둥을 세우는 모습

기둥 세우기

유아 1 : 물레방아 날개가 완성되었는데 손으로 들고 있으면 너무 불편하잖아.

유아 2 : 물레방아를 세울 수 있는 기둥이 필요해.

유아 3 : 큰 블록 위에 올려 놓을까?

유아 4 : 나뭇가지에 묶어서 기둥을 만들자.

유아 5 : 근데 나뭇가지가 흔들리지 않도록 점토를 붙여서 단단하게 만들자.

2) 발명하기

유아들의 물레방아에 대한 생각들을 실험해 보기 위해 작은 깡통과 플라스틱 통을 이용해서 작은 물레방아를 만들어 보았다. 그리고 직접 만든 물레방아가 잘 돌아가는지를 실험장소로 가져와 물을 부어보며 실험하였다. 그 결과 물레방아 날개가 일정한 간격과 크기로 제작되어야 한다는 점을 알게 되었고 수정과정을 거쳐 작은 물레방아를 완성하였다. 실험과정으로 물레방아의 크기, 날개의 모양과 기능, 양 축의 균형성이 필요하다는 사실을 인식한 유아들은 조 공동의 발명품을 제작하기로 했다. 페트병 두 개를 붙여 큰 축을 만들고 젖지 않은 단단한 폼보드지를 일정한 크기와 간격으로 잘라 완성된 나무틀에 고정하였다.

조원들과 함께 발명품을 설계하고 직접 제작해 보는 경험들은 토론, 갈등, 협의 등의 사회적인 기술을 경험할 수 있게 했다. 또한 물의 흐름, 물의 힘 등 물에 대한 특성을 직접 실험 속에서 확인해 보며 균형, 무게, 크기, 힘의 과학적인 원리를 경험할 수 있었다.

직접 만든 물레방아로 실험을 하는 모습

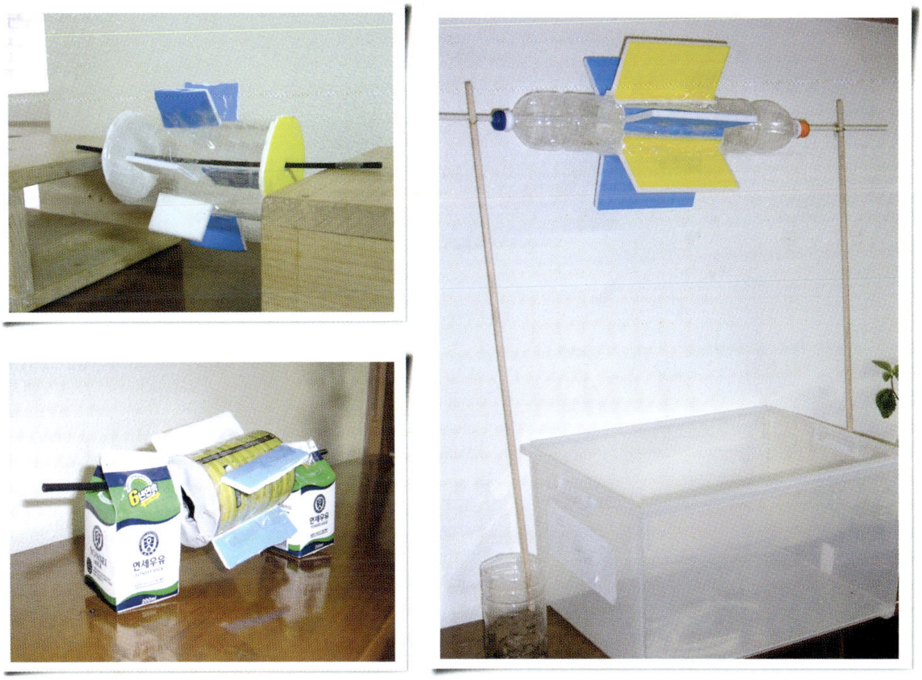

유아들이 만든 발명품 - 에디슨 물레방아

7장

'물'에 관한 발견과 발명 전시회 및 평가

7장 '물'에 관한 발견과 발명 전시회 및 평가

1. 발명품 소개하기

유아들은 1, 2, 3, 4조로 나눠 조별 유아들과 협의, 예측, 실험과정을 거쳐 발명품을 계획하고 직접 발명품을 개발하였다.

발명품은 유아들의 물에 대한 의문점과 물에 대한 개념을 형성하는 과정을 과학도구 발명과정에서 형성될 수 있는 기회가 되었다.

유아들이 개발한 발명품은 물의 부력을 이용한 배, 물의 상태를 실험한 정수기, 물의 힘을 이용한 수차와 물레방아였다.

유아들은 모두 강당에 모여 각 조원들은 자신의 발명품을 소개하고 다른 조원들은 다른 조원들이 개발한 발명품을 관찰하며 각 조원들의 경험을 공유하고 물을 이용한 새로운 생각들을 발견할 수 있었다.

1조 유아들은 물에 뜨는 배를 발명하기 위해 부력의 힘이 강한 알루미늄판을 이용해 배를 제작하였으며, 배의 균형과 무게를 고려하여 형태를 잡는 것이 필요하였다는 점을 다른 조 친구들에게 소개해 주었다. 2조 유아들은 오염된 물을 깨끗한 물로 정수하기 위해 정수기를 제작하고 직접 정수된 물을 보여줌으로써 정수기의 원리와 기능에 대해 다른 조 유아들이 생각해 볼 수 있는 기회를 제공하였다. 3 · 4조 유아들은 물의 힘을 이용한 수차와 물레방아를 개발하여 물의 힘을 이용한 우리 조상들의 지혜를 생활 속에서 실험해 볼 수 있었다.

조별 발명품을 소개하는 유아들

교사 : 어떤 발명품을 발명하였나요?

유아 1 : 우리 조는 에디슨 물레방아를 발명했습니다.

유아 2 : 에디슨은 발명을 아주 잘한 사람이에요. 에디슨처럼 우리 조 친구들은 멋진 발명품을 만들어서 에디슨 물레방아라고 이름 지었어요.

유아 3 : 물레방아 날개가 잘 돌아가려면 날개 크기가 똑같아야 돼요.

유아 4 : 물레방아는 물이 떨어지는 힘으로 돌아가요. 물레방아가 어떻게 돌아가는지 보여드리겠습니다.

2. 발명품 전시회

이러한 과학 프로그램의 진행은 여름시기에 만 5세 유아들을 대상으로 진행되었기 때문에 발견과 발명의 과학프로그램 과정을 다른 연령의 유치원 원아들에게 소개할 기회가 없었다. 따라서 발명품을 소개하는 시간을 가져 발명품을 직접 소개하고 다른 연령의 유아들이 체험해 볼 수 있도록 하는 시간이 필요하였다. 이를 위해 강당에 유아들이 개발한 발명품과 발명품이 제작되기까지의 과정들을 전시한 패널, 파워포인트와 빔을 이용해 과학캠프 활동사진을 전시하였다.

또한 발명품 전시회는 유치원 원아들을 위한 전시회가 되었을 뿐만 아니라 유아들이 어떠한 실험과정들을 경험하였는지 큰 궁금증을 가지고 있던 학부모에게 유치원의 프로그램을 소개하고 안내하는 기회가 되었다. 유치원 등하교길에 강당에 들러 유아들이 제작한 발명품을 직접 체험해 보며 유아들을 격려하여 큰 자부심을 느낄 수 있었으며 유치원과 가정과의 신뢰감이 형성될 수 있었다.

전시회장 모습

1조의 '배' 전시

2조의 '정수기' 전시

3조의 '수차' 전시

4조의 '물레방아' 전시

우리가 함께 만든 발명품을 전시하고 소개함으로써 어린이들은 스스로 만든 것에 대해 자긍심을 가지고 발견하고 발명하는 즐거움을 한껏 맛볼 수 있었다. 단지 과학적 실험을 함께 하는 것을 넘어서 서로 문제를 해결하기 위해 머리를 맞대고 생각하며 좀 더 나은 결과를 위해 애를 써 함께 알아가는 과정을 경험할 수 있었다.

21세기는 과학의 시대라고 한다. 아인슈타인이 말하기를 "과학은 일종의 예술이다. 예술도 일종의 과학이다."라고 했다. 어린이들이 고심하고 만들어 낸 것 중 가장 효율적이고 디자인이 좋은 것이 가장 아름답기도 하였다. 가장 아름다운 것이 효율적으로 움직였다. 균형과 절제의 점을 찾아 해결해 나가면서 과학적 사고와 더불어 심미감도 키울 수 있었다. 이러한 경험은 어린이가 살아가면서 스스로 합리적으로 문제를 해결할 수 있고 심미감도 높일 수 있다는 점에서 큰 가치를 갖는다 할 것이다.

8장

과학교육 프로그램의 제안

8장 과학교육 프로그램의 제안

유아의 과학적 탐구능력 개발을 위한 과학교육 프로그램은 놀이를 통하여 유아들이 과학교육 기본개념들을 자연스럽게 스스로 구성할 수 있도록 하고자 하였으며, 사물, 사건, 자연현상 등에 대해 의문점을 갖고 깊이 있게 탐색하는 과학적 태도를 기르는 것에 중점을 두었다. 또한 유아들의 잠재된 능력을 발견하고 계발할 수 있는 기회를 제공함으로써 유아의 과학적 능력과 창의성을 계발하는 데 목적을 두고 있다고 할 수 있다.

본 프로그램의 개발을 통해 다음과 같은 결과를 기대할 수 있다.

첫째, 유아의 과학적 탐구능력을 증진시키기 위한 교사의 바람직한 역할을 제시함으로써 유아과학교육을 위한 기초자료를 개발하여 유아교육 현장에서 적용, 활용하게 할 수 있었다. 사전 교사교육과 교사지침서를 통해 어린이들이 참여하기에 앞서 실험과 발명을 하는 과정이 어떻게 구성되어야 하는지 미리 계획하고 준비할 수 있었고, 다양한 실험도구를 사용하여 교사가 먼저 실험을 실시하여 도구의 효율적인 사용법과 유의사항을 미리 익힐 수 있었나. 또한, 과학적 의시소통과 상호작용에 관련된 지침을 숙지하여 활동 시 실험과 결과에 대한 어린이들의 표현을 극대화 할 수 있었다.

둘째, 유아의 과학적 탐구능력 증진을 위해 분과된 활동전개에서 벗어나 모든 영역에서 공통적으로 필요한 과학적 사고방법을 교육하는 과학 프로그램을 제시함으로써 유아들이 실생활에서 일어나는 여러 문제에 대해 탐구하려는 과학적 태도를 기를 수 있었다. 유아들이 발견한 과학적 지식들은 '발명품 제작하기' 과정을 통해 토론하기, 협동하기, 소개하기 과정을 경험하도록 계획하였다. 이 과정에서 물의 특성을 발견하는 소그룹 실험활동, 물을 이용한 기계와 도구를 발명하기 위한 소그룹 발명활동, 물을 이용한 요리활동을 통한 과학실험, 평가회, 견학을 통한 과학활동 과정들이 진행되었다.

또한, 유아들은 물의 상태, 물의 힘, 물의 흐름에 대해 다양한 각도에서 가설을 세워 실험하고 결과를 검증하는 과정을 통해 또래간의 협동 과학활동과정에서 서로의 생각을 교환하고 새로운 생각을 확장하도록 도울 수 있었기 때문에 함께 과학활동에서 발견한 지식들을 협동과정으로 표현하고 발표하는 경험들을 제공하여 자연스럽게 유아들에게 다양한 사회적 기술을 익힐 수 있도록 할 수 있었다.

또한, 물의 성질을 발견하는 실험활동 후에는 물의 성질을 사용한 도구를 발명해 보았다. 이러한 발명활동을 하는 동안에 의사소통은 언어적 · 비언어적인 방법을 통하여 다른 사람에게 정확한 정보를 전달하는 중요한 매개체가 되며, 도구가 적절하게 만들어져 움직이기 위해서 무엇보다 상호 의사소통이 필요하다. 이러한 활동들은 문자, 그래프 및 그림뿐만 아니라 신체적인 표현 등을 통해서도 이루어졌다. 물의 정화작용을 실험하는 정수기의 원리 이해하기, 물의 부력을 사용한 알루미늄 재질의 큰 배 띄우기, 물의 힘에 의해 움직이는 물레방아 만들기, 물의 힘과 방향을 함께 고려하여 만든 수차의 원리를 이해하기 등 발견에서 머무르지 않고 물의 성질을 사용하여 직접 토론을 통해 도구를 만들어 가는 과정을 함께 하였다.

셋째, 유아의 과학적 탐구능력 증진을 위해 교사들이 세미나, 토론회, 자체연수를 통해 과학적 사고과정을 경험함으로써 과학교육의 중요성을 인식할 수 있었다. 또한 본 프로그램의 계획-실행-평가과정을 개발함으로써 교사의 과학적 사고력과 태도를 증진시킬 수 있었다. 사전 교육과 환경구성 세팅, 캠프에서의 경험, 사후 평가를 통해 순차적으로 이루어진 각 과정이 다음 과학프로그램 캠프에 참고가 될 수 있도록 세세히 기록, 평가하였다.

유치원 교육현장에서 물과 관련된 활동은 다른 주제와 통합하여 '물감 섞어보기', '물에 뜨고 가라앉는 것' 등으로 과학영역에서 단편적으로 실시되거나 '여름' 이라는 주제와 관련하여 물놀이를 실시함으로써 기초적인 물의 특성이나 놀이 자체의 흥미로 만족하는 경우가 많다. 즉 하나의 주제로서 심도 있게 다루어지는 경우가 드물다. 따라서 흥미 있는 자연현상과 과학적인 원리에도 불구하고 비중이 적게 다뤄지는 물이라는 주제를 소집단 활동의 주제로 선정하여 유아들이 물에 관련된 원리와 특성, 과학적 지식의 구성방법을 알아보고 기록을 통해 유아들의 사고과정이 어떻게 전개, 변화, 확장되었는지를 알아보는 것에 본 연구의 의미가 크다고 할 수 있다.

넷째, 본 과학 프로그램의 교수-학습방법은 유치원 교육과정에 적합하도록 활동을 개발한 것이므로 유아교육기관의 현장적용이 용이하다고 할 수 있다. 환경 구성 및 사용된 실험도구의 종류, 적절한 사용법 및 어린이들이 사용 시 유의사항, 안전을 위한 도구, 실험 과정, 어린이들의 반응과 발명하는 과정, 발명 시 사용된 재료, 발견과 발명의 과정 등을 소개하였다. 이를 통해 생산된 결과물에 대한 게시와 기록방법 등을 사진과 설명 등으로 상세하게 기술함으로써 유아교육 현장에서 도움이 될 수 있도록 하였다.

유아들은 새로운 것을 창안해 내려고 자신이 경험한 내용과 갖고 있는 지식을 총동원하여 이러한 내용들을 종합하고 분석하면서 이를 토대로 새로운 생각들을 이끌어낸다. 새로운 물건을 창안해내기 위해서 유아가 보고 들었던 경험과 물건에 관한 지식을 동원하여 참신한 물건으로 재창조하기 위한 시도를 할 것이며 이것이 바로 과학발명의 시초라고 할 수 있다. 본 과학적 프로그램을 통해 유아의 과학자적 탐구 능력과 놀이의 교수-학습적 특성을 연결한 유아과학교육 활동을 제공함으로써 궁극적으로 유아의 과학적 소양을 자연스럽게 길러줄 수 있었다.

부록 I

교사를 위한 '물' 교육활동 계획안

1. 물의 흐름

2. 물의 힘

3. 물의 상태

계획안 1

물의 흐름

<table>
<tr><td colspan="2">활동안</td><td>고인 물과 흐르는 물</td></tr>
<tr><td colspan="2">목표</td><td>• 바닥 재료에 따라 물의 이동이 달라지는 것을 실험해 본다.
• 자갈, 모래, 점토에서의 물 흐름 차이를 비교할 수 있다.</td></tr>
<tr><td colspan="2">준비물</td><td>자갈, 모래, 점토, 원통형 통 3개, 물, 눈금실린더, 자, 활동지</td></tr>
<tr><td rowspan="2">활동방법</td><td>도입</td><td>물이 어떻게 흐르는지 이야기 나눈다.
· 물은 어디에서 흐르니?
· 그 바닥에는 무엇이 깔려 있을까?
· 앞마당 바닥을 생각해 보자. 앞마당에 물이 흐른다면 어디로(어느 바닥으로) 지나갈까?</td></tr>
<tr><td>전개</td><td>1) 자갈, 모래, 진흙이 있는 바닥에서 물이 흐를 때 어떻게 될지 예상해 본다.
또, 각 바닥 위에 있는 물이 어떻게 될지 예상해 본다.
· 자갈 위에 있는 물은 어떻게 될까?
· 모래 위에 있는 물은 어떻게 될까?
· 진흙 위에 있는 물은 어떻게 될까?
· 어느 바닥에서 물이 가장 많이 고여 있을까?
· 그렇게 생각한 이유가 무엇인가?

2) 실험을 통해 물의 양의 변화를 비교해 본다.
· 물의 양을 모두 재어 볼까? 얼마만큼 남았을까?
· 어느 쪽의 물이 가장 많을까?
· 가장 적게 물이 남은 통은 어떤 통일까?

실험방법
1. 크기가 같은 세 개의 통 속에 자갈, 모래, 흙을 일정한 높이로 담는다.
2. 눈금실린더로 일정한 양의 물을 세 개의 통에 동시에 넣는다.
3. 스며들지 않는 물의 양을 자로 재어 기록한다.</td></tr>
</table>

<table>
<tr><td rowspan="2">활동방법</td><td>전개</td><td>자 갈 ______ cm　　모 래 ______ cm　　흙 ______ cm
</td></tr>
<tr><td>결말</td><td>밀도에 따라 물이 고여 있는 양의 차이 실험을 기록하고 공유한다.
· 어떤 것이 들어 있는 통에서 물이 가장 많이 남았니?
· 어떤 것이 들어 있는 통에서 물이 가장 적게 남았니?
· 그 이유가 무엇일까?</td></tr>
<tr><td colspan="2">활동시 유의사항</td><td>· 통의 크기와 자갈, 모래, 진흙의 높이를 같도록 실험준비를 해야 한다.
· 물의 양도 동일해야 하며 유아들이 자와 눈금실린더의 숫자를 파악하는 방법을 익힌 후 실험을 시작하도록 한다.</td></tr>
</table>

<table>
<tr><td colspan="2">활동안</td><td>어느 배가 빨리 지나갈까? (수로 형태에 따른 물의 속도 비교)</td></tr>
<tr><td colspan="2">목표</td><td>• 물은 위에서 아래로 흐른다는 것을 실험을 통해 알 수 있다.
• 수로의 형태를 여러 가지 방법으로 만들어 그 차이를 실험할 수 있다.</td></tr>
<tr><td colspan="2">준비물</td><td>PVC 수로 긴 것, PVC 수로 굽은 것, 물 호스 2개, 물통 2개, 스티로폼 배, 벤다이어그램, 쓰기도구, 초시계</td></tr>
<tr><td rowspan="2">활동방법</td><td>도입</td><td>1) 수로에 물이 지나가도록 하기 위한 방법에 대해 생각해본다.
· 수로에서 놀이해본 적 있니?
· 이 길에 물이 지나가게 하려면 어떻게 해야 할까?

2) 긴 수로와 굽은 수로에서 물이 어떻게 지나갈지 차이점에 대해 예측해 본다.
· 긴 수로에서는 물이 어떻게 지나갈까?
· 굽은 수로에서는 물이 어떻게 지나갈까?</td></tr>
<tr><td>전개</td><td>1) 다양한 방법으로 수로를 연결하고 물을 흐르도록 하여 관찰한다.
· 두 수로에서 물이 어떻게 지나가니?
· A 수로와 B 수로의 같은 점은 무엇이니?
· A 수로와 B 수로의 차이점은 무엇이니?

2) 두 수로에서 지나가고 있는 물의 차이점에 대해 벤다이어그램을 그려 구별한다.
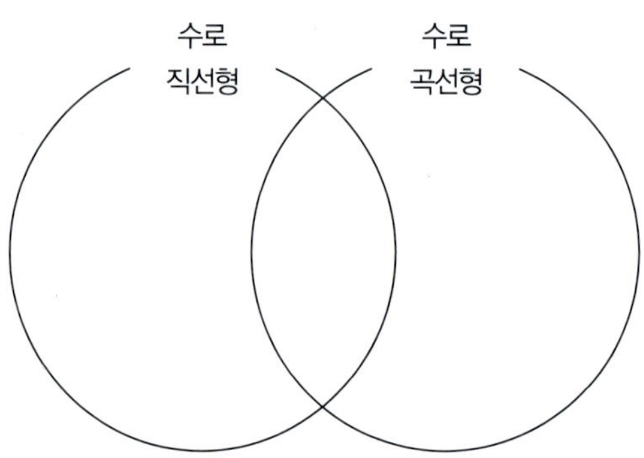
</td></tr>
</table>

<table>
<tr>
<td rowspan="2">활동방법</td>
<td>전개</td>
<td>3) 수로 처음 시작에서 끝까지 배를 띄워 속도를 재어본다.
· 그럼 속도를 재어볼까?
· 어떤 방법으로 속도를 잴 수 있을까?
(출발점에 동시에 배를 놓고 출발시켜 도착점에 도착한 초를 재어본다.)

실험방법
1. 수로를 연결해서 직선 모양과 굽은 모양을 만든다.
2. 물이 지나갈 수 있도록 수로에 경사를 만든다.
3. 수로에 물이 흐르게 한다.
4. 수로에 배를 띄워 물의 속도를 관찰한다.
5. 어느 쪽 수로의 물이 빨리 지나가는지 시간을 기록한다.</td>
</tr>
<tr>
<td>결말</td>
<td>1) 실험 결과와 수로 모양을 활동지에 기록하고 결과를 공유한다.
· 어느 수로의 배가 더 빠르니?
· 어느 수로의 배가 더 느리니?
· 왜 그렇게 되었다고 생각하니?

2) 그렇게 된 이유에 대해 생각해 보도록 한다.</td>
</tr>
</table>

<table>
<tr><td colspan="2">활동안</td><td>춤추는 물 (압력에 따른 물의 이동–회오리)</td></tr>
<tr><td colspan="2">목표</td><td>• 물과 공기가 서로 미는 힘이 있음을 이해한다.
• 다양한 실험을 통해 과학적 태도를 기른다.</td></tr>
<tr><td colspan="2">준비물</td><td>여러 개의 페트병, 물, 굵은 테이프, 초시계, 수조, 빈 주사기, 활동지(물이 흐르는 형태, 시간을 각각 기록)</td></tr>
<tr><td rowspan="2">활동방법</td><td>도입</td><td>똑같은 두 그릇을 준비하고 물을 담아 그릇에 물을 번갈아 옮겨 본다.
· 크기가 같은 통에 돌아가면서 물을 넣고 있는데 어떻게 되고 있니?
· 두 개의 그릇을 붙여서 물을 부어보면 어떻게 될까?
· 왜 그렇게 될 것 같니? 왜 물이 소용돌이를 칠까?</td></tr>
<tr><td>전개</td><td>1) 병을 거꾸로 들었을 때 물이 빨리 내려오게 하기 위한 방법을 생각해 본다.

2) 페트병 한 개에 물을 넣고 나머지 빈 페트병을 붙인 후 실험한다.
· 병들을 거꾸로 들면 어떻게 될까?
· 병 속의 물이 어떻게 되었니?
· 왜 그렇게 되었을까?
· 물이 빨리 내려오게 하려면 어떻게 해야 할까?

3) 팔을 사용하여 병을 흔들어 회오리를 만든 후 물이 내려가는 모습을 실제로 보여준다.
· 그냥 통을 거꾸로 했을 때는 물이 어떻게 되었니?
· 팔을 흔들어 거꾸로 들었을 때는 물이 어떻게 되었니?
· 두 가지 실험시간을 비교해 보자. 어떤 것이 더 빠르니?

4) 각각의 경우를 활동지에 기록한 후 결과에 대해 이야기 나누도록 한다.</td></tr>
</table>

<table>
<tr><td rowspan="2">활동방법</td><td>전개</td><td>

실험방법

1. 페트병에 물을 적당량 담는다.
2. 비어 있는 페트병을 물이 담긴 페트병 위에 올려 서로 입구를 마주보도록 한 후 테이프로 붙인다.
3. 통을 거꾸로 들어 물이 떨어지도록 한다.

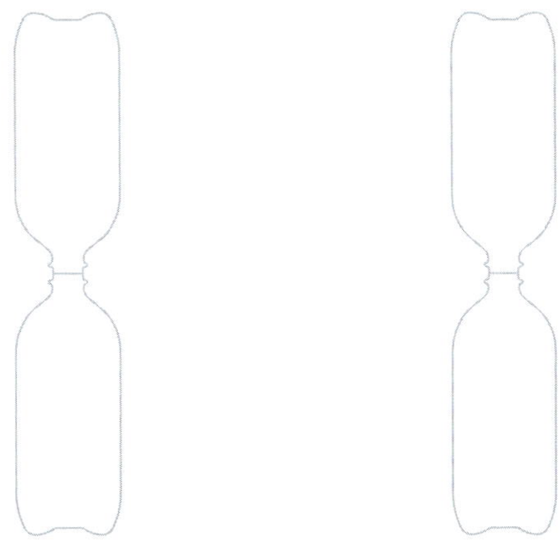

_______초　　　_______초

</td></tr>
<tr><td>결말</td><td>

실험결과를 활동지에 기록하고 그 결과를 공유한다.

· 어떨 때 물이 더 빨리 내려갔니?
· 그 이유가 뭘까?
· 물을 빠르게 내려가게 하기 위해 어떤 방법을 사용하면 좋을까?
(회오리바람을 만들어 물을 흐르게 할 경우 더 빠르게 물이 흘러간다는 것을 실험을 통해 확인해 본다.)

</td></tr>
<tr><td colspan="2">활동시 유의사항</td><td>

· 시간을 재는 유아와 직접 병을 거꾸로 들어보는 유아 등 실험역할을 나누어 정하고 서로 바꾸어서 역할을 해 볼 수 있도록 한다.
· 물이 내려가는 시간이 있어야 하므로 페트병의 크기를 적절한 것으로 준비한다.
· 중간에 흐르는 물의 양을 최소화하기 위해 테이프로 입구를 최대한 잘 막는다.

</td></tr>
</table>

활동시 유의사항	**교사들을 위한 Tip!** 1. 두 개의 페트병 속에 무엇이 채워져 있는지 살핀다(물과 공기). 2. 공기도 일정한 힘, 즉 압력을 가지고 있음을 알린다(주사기 실험 가능). 3. 두 병을 거꾸로 했을 때 공기의 미는 힘과 물이 아래로 내려오고자 하는 힘이 서로 부딪힘을 설명한다. 4. 서로의 힘이 충돌하기 때문에 물이 천천히 내려올 수밖에 없음을 이해한다. 5. 손으로 페트병 위쪽을 돌려 회오리를 만들면 물이 빨리 내려올 수 있다. 6. 회오리를 만들면 물이 내려오는 면에 순간적인 구멍이 생겨 그 사이로 아래쪽 페트병 속 공기가 들어가기 때문에 물을 밀고 있던 공기의 힘이 작아져서 결국 물이 빠르게 내려올 수 있는 것이다(변기의 물이 내려가는 형태 연상해 보기).

<table>
<tr><td colspan="2">활동안</td><td>물이 어떤 모양으로 지나갈까?(물의 분사 형태)</td></tr>
<tr><td colspan="2">목표</td><td>• 물이 닿는 구멍에 따라 나오는 모양을 예측해 볼 수 있다.
• 구멍의 모양에 따라 물의 형태가 변화되는 것을 실험을 통해 확인한다.</td></tr>
<tr><td colspan="2">준비물</td><td>페트병 3개, 송곳, 물, 색소, 물 받을 통, 페트병을 걸어둘 줄, 샤워기 호스, 활동지, 쓰기도구</td></tr>
<tr><td rowspan="2">활동방법</td><td>도입</td><td>1) 물이 분사되는 것을 관찰하기 위해 샤워기에서 물이 나오는 모습을 관찰한다.
· 너희들 샤워기 본 적 있니? 샤워기에 물이 어떤 모양으로 나오니?
· 샤워기를 열어서 볼까? 어떤 모양의 구멍이 나 있니?

2) 동그란 모양, 작은 구멍이 여러 개 뚫린 모양, 직선으로 뚫린 모양의 페트병을 준비하여 살펴본다.
· 병이 어떻게 생겼니? 바닥에 어떤 모양의 구멍이 있니?
· 이것을 사용하여 어떻게 실험할 수 있을까?</td></tr>
<tr><td>선개</td><td>1) 생각해낸 방법을 적어보고 방법을 정해 실험해 본다.
· 이 모양에 물을 부으면 물이 어떻게 나올까?
· 다른 모양이 뚫어져 있는 페트병에 물을 부으면 어떻게 될 것 같니?
· 물을 붓기 전에 물이 어떻게 지나갈지 생각해 볼까? 활동지에 기록해 보자.
· 그럼 물을 한번 부어 보자. 각각 어떤 색의 물을 만들어서 부을까?

실험방법
1. 페트병 3개에 각기 다른 구멍을 낸다(동그란 모양, 작은 구멍 여러 개 모양, 직선 모양).
2. 어떤 형태로 물이 흘러나올지 생각해 본다.
3. 물에 색소를 타고 3가지 색의 물을 만들어 물의 색을 쉽게 구별할 수 있도록 한다.
4. 적당한 양의 물을 붓는다.
5. 물이 흘러나오는 모습을 관찰한다.</td></tr>
</table>

<table>
<tr><td rowspan="2">활동방법</td><td>전개</td><td>2) 물이 떨어지는 모양을 예측하여 그려보기

예측하기
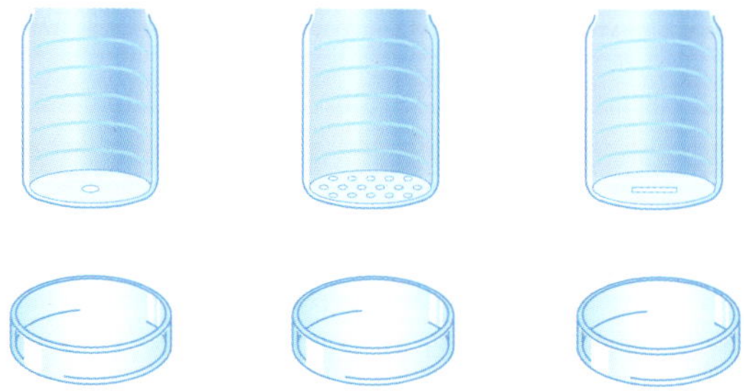

실험하기
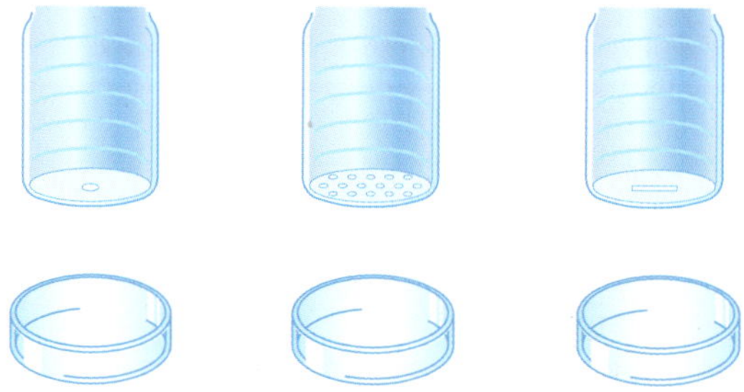

3) 실제 내려간 모양을 실험지에 기록하여 비교한다.
· 물이 어떤 모양으로 내려가는지 관찰해 보자.
· 어떤 모양으로 내려가니?
· 너희들 생각과 같으니? 다른 점은 무엇이니?</td></tr>
<tr><td>결말</td><td>실험결과를 기록하고 공유한 후 다양한 모양의 물 형태에 대해 이야기 나눠본다.
· 각 구멍에서 물이 어떤 모양으로 나왔니?
· 그 이유가 무엇인 것 같니?
· 다른 물 모양을 만드는 실험을 한다면 어떤 것을 가지고 하고 싶으니?
· 어떤 모양의 물을 만들 수 있을까?</td></tr>
</table>

계획안 2

물의 힘

<table>
<tr><td colspan="2">활동안</td><td>물에 뜨고 가라앉는 물건이 있어요 (부력)</td></tr>
<tr><td colspan="2">목표</td><td>• 물에 뜨고 가라앉는 것을 구별할 수 있다.
• 물에 뜨고 가라앉는 물건의 특성을 실험을 통해 알아 볼 수 있다.</td></tr>
<tr><td colspan="2">준비물</td><td>투명한 수조, 탁구공, 돌, 바구니, 크레용, 양초, 공, 점토, 볼트, 조그만 블록 등 물에 뜨고 가라앉는 다양한 물건, '뜨는 것 · 가라앉는 것' 표시판, 분류 쟁반, 벤다이어그램 종이, 쓰기도구</td></tr>
<tr><td rowspan="2">활동 방법</td><td>도입</td><td>1) 뜨는 것(탁구공), 가라앉는 것(돌멩이), 부분적으로 뜨고 가라앉는 것(바구니나 약병)을 탐색한 후 이를 물에 넣으면 어떻게 될지 예측한다.
· 이것은 무엇일까?
· 무엇이 가장 가벼울까? 무엇이 가장 무거울까?
· 이것을 수조에 넣으면 어떻게 될까?
· 왜 그렇게 될 것이라고 생각하니?

2) 물에 물체를 넣어보고 실제 결과를 탐색한다.
· 물체가 어떻게 되었니?

3) '뜨는 것' 과 '가라앉는 것' 에 대한 어린이들의 생각이 정리될 수 있도록 한다.</td></tr>
<tr><td>전개</td><td>1) 다양한 물체를 수조에 넣어 실험하고 관찰한 것을 분류판에 구별한다.
· 무엇이 뜨니? 무엇이 가라앉니?
· 뜨는 것과 가라앉는 것을 분류판에 구별해 보겠니?
· 왜 이것을 뜰까? (가라앉을까?)

2) 뜨는 것과 가라앉는 것을 분류하고 그래프로 나타내어 본다.</td></tr>
</table>

활동방법 — **전개**

뜨는 것	뜨는 것	가라앉는 것
10		
9		
8		
7		
6		
5		
4		
3		
2		
1		
공통점		

3) 뜨는 물건을 가라앉히는 방법을 생각해본다.

- 뜨는 물건을 바닥까지 가라앉게 만들 수 있을까?
- 어떤 방법을 사용할 수 있을까?
- 왜 그렇게 생각했니?

4) 가라앉은 물건을 띄우는 방법을 생각해 본다.

- (동전이나 작은 돌을 이용하여) 이번에는 가라앉는 물거을 꼭대기까지 뜨게 만들어보겠니?
- 어떤 방법을 사용할 수 있을까?
- 왜 그렇게 생각했니?

5) 필름통 안에 물건을 넣은 후 물에 넣어 어떻게 되는지 확인해 본다.

- 필름통 안에 무엇이 들어 있을까?
- 필름통이 물 위로 뜨네, 이 안에는 무엇이 들어있을까?
- 필름통이 가라앉네, 이 안에는 무엇이 들어있을까?

활동방법	결말	실험결과를 기록하고 공유한다(뜨고 가라앉는 물건의 공통점과 특성을 이야기 나눈다). · 가라앉는 물건은 무엇이니? 뜨는 물건은 무엇이니? · 가라앉는 물건을 몇 개니? 뜨는 물건은 몇 개니? · 어느 쪽이 더 많니? · 뜨는 것과 가라앉는 것에는 어떤 같은 점이 있니? · 왜 이쪽은 가라앉고 이쪽은 뜰까? · 뜨는 물건을 어떻게 가라앉힐 수 있었니?(가라앉는 물건을 어떻게 뜨게 할 수 있었니?)

<table>
<tr><td colspan="2">활동안</td><td>떨어지는 물 실험 (폭포실험, 수력)</td></tr>
<tr><td colspan="2">목표</td><td>• 물이 떨어질 때 힘이 생긴다는 것을 안다.
• 물의 높이를 조절했을 때 물의 힘 차이를 실험을 통해 확인한다.</td></tr>
<tr><td colspan="2">준비물</td><td>굵기가 다른 투명한 튜브(지름 2.5cm인 것과 1.5cm인 것 등), 투명 수조, 물, 자, 찰흙판, 공간블록 4~5개(높이조절용), 스티로폼, 스포이트, 붓, 하얀 도화지, 포스터물감</td></tr>
<tr><td rowspan="2">활동방법</td><td>도입</td><td>1) 떨어지는 물의 힘을 눈으로 확인할 수 있는 간단한 실험을 해본다.

2) 도화지 위에 진한 물감으로 그림을 그린다. 그림을 그린 후 마른 수조 안에 넣고 위에서 물이 떨어지면 어떻게 될지 예상해 본다.
· 그림을 그린 도화지 위로 물이 떨어진다면 어떻게 될까?
· 어떤 모양이 될까? 왜 그렇게 될 것 같니?
· (스포이트로 물방울을 떨어뜨려 물감의 번지는 정도를 확인한 후) 물이 떨어진 모양이 어떻게 되었니?
· 왜 그렇게 되었을까? 이유가 무엇일까?</td></tr>
<tr><td>전개</td><td>1) 실험 세팅을 소개하고 물이 떨어질 때 찰흙판이 어떻게 될지 예상해 본다.
· 찰흙판 위에 물이 떨어지면 어떻게 될까?
· 왜 그렇게 생각했니?

<table><tr><th>실험 전 예상 찰흙판의 모습</th><th>실험 후 찰흙판의 모습</th></tr><tr><td></td><td></td></tr></table>
실험방법
1. 공간블럭을 쌓아 높이를 만들고 호스를 연결한다.
2. 빈 수조 안에 찰흙판을 평평하게 깐다.
3. 물이 떨어질 때 찰흙판이 어떻게 변화할지 예상그림을 그려본다.</td></tr>
</table>

활동방법 | 전개

실험방법 (계속)

4. 호스에 물을 연결해 찰흙판이 어떻게 변화하는지 살펴본다.
5. 공간블럭을 올려 2, 3단계를 만들어 물의 높이를 조절하며 실험한다.
6. 평평한 찰흙판을 깔고 더 높은 곳에서 물이 떨어질 때 찰흙판이 어떻게 되는지 실험한다.
7. 1단계, 2단계, 3단계 물 높이의 찰흙판을 비교해 보고 차이를 알아본다.

2) 물을 단계별로 높이를 달리해 떨어뜨려 찰흙판의 변화를 관찰한다.

· 찰흙판이 어떻게 되었니?
· 1단계(2 · 3단계)에 찰흙판은 어떻게 되었니?
· 왜 그렇게 차이가 났을까? 이유가 뭘까?

3) 각 구멍이나 길에 자를 대어 얼마나 들어갔는지 측정해 본다.

· 1단계에서 물을 떨어뜨렸을 때 찰흙판이 얼마나 패였니?
· 2단계에서 물을 떨어뜨렸을 때 찰흙판이 얼마나 패였니?
· 3단계에서 물을 떨어뜨렸을 때 찰흙판이 얼마나 패였니?
· 1 · 2 · 3단계의 차이는 얼마나 될까?
· 왜 이렇게 됐을까?

10			
9			
8			
7			
6			
5			
4			
3			
2			
1			
패인 높이	1단계	2단계	3단계

<table>
<tr>
<td rowspan="2">활동방법</td>
<td>전개</td>
<td>
4) 각 단계별 찰흙판의 변화 모습을 그려 보자.
<table>
<tr><td>1단계 폭포 시 찰흙판</td><td>2단계 폭포 시 찰흙판</td><td>3단계 폭포 시 찰흙판</td></tr>
<tr><td></td><td></td><td></td></tr>
<tr><td>패인 길이 :</td><td>패인 길이 :</td><td>패인 길이 :</td></tr>
</table>

왜 차이가 날까? 이유를 설명해 보세요.
왜냐하면, ______________________________
______________________________ .

5) 차이를 그래프로 기록하고 1 · 2 · 3단계로 나누어 어린이들이 찾아 낸 것을 기록한다.
· 예상그림과 결과를 비교하며 이야기 나눈다.
· 찰흙판에 왜 구멍과 길이 생겼을까?
· 왜 1 · 2 · 3단계의 찰흙판에 차이가 있을까?
</td>
</tr>
<tr>
<td>결말</td>
<td>
실험결과를 함께 토의한 후 구멍을 더 패이게 하기 위한 방법을 생각해 본다.
· 찰흙판은 물이 떨어지니 어떻게 되었니?
· 각 찰흙판이 얼마나 차이가 있었니?(측정한 길이 확인 – 자나 끈 등으로 확인)
· 왜 그렇게 됐을까? 찰흙판이 패인 높이가 왜 다를까?
</td>
</tr>
</table>

<table>
<tr><td colspan="2">활동안</td><td>액체탑을 만들어요 (액체의 종류에 따른 부력 차이)</td></tr>
<tr><td colspan="2">목표</td><td>• 액체는 종류에 따라 물에 뜨는 것이 다르다는 것을 실험을 통해 확인한다.
• 다양한 도구와 재료를 활용한 실험을 통해 과학적 태도를 기른다.</td></tr>
<tr><td colspan="2">준비물</td><td>방울토마토, 사탕, 웨하스, 초콜릿, 투명하고 긴 유리잔, 유리막대, 글리세린, 물, 식용유, 에탄올, 활동지</td></tr>
<tr><td rowspan="2">활동방법</td><td>도입</td><td>1) 실험도구(유리잔, 유리막대)와 재료(다양한 종류의 액체, 음식물)를 탐색한다.
· 여기에 어떤 재료가 있니?
· 무엇에 쓰는 물일까?(글리세린, 식용유, 에탄올)
· 어떤 냄새가 나니? 먹으면 어떻게 될까?
· 통에 담아보니 어떻게 담아졌니?(끈적한 글리세린 구별하기)
· 이것으로 무엇을 할 수 있을까?

2) 액체를 비교하여 기록해 보자.
<table>
<tr><th></th><th>글리세린</th><th>식용유</th><th>에탄올</th><th>물</th></tr>
<tr><td>색</td><td></td><td></td><td></td><td></td></tr>
<tr><td>냄 새</td><td></td><td></td><td></td><td></td></tr>
<tr><td>느 낌</td><td></td><td></td><td></td><td></td></tr>
</table>
</td></tr>
<tr><td>전개</td><td>1) 실험방법에 따라 실험해 본다.

실험방법
1. 글리세린, 물, 식용유, 에탄올에 각각 다른 색깔의 물감을 넣고 잘 섞어 준다.
2. 유리잔에 글리세린, 물, 식용유, 에탄올 순으로 용액을 넣는다.
3. 유리잔 가장자리에 유리막대를 대고 용액을 천천히 부어준다.
4. 용액이 층을 이루어 탑과 같이 쌓이는 모습을 관찰하며 왜 이렇게 쌓이게 되는지에 대해 생각해 본다.</td></tr>
</table>

<table>
<tr>
<td rowspan="2">활동방법</td>
<td>전개</td>
<td>
· 용액이 어떻게 되었니?
· 왜 이렇게 되었다고 생각하니?

2) 사탕, 초콜릿, 방울토마토, 웨하스 등을 넣고 어떻게 되는지 관찰한다.
· 액체탑에 음식물을 넣어보니 어떻게 되었니?
· 음식물이 왜 각각 다른 액체에 뜨게 되었을까?

3) 액체탑에 음식물을 띄웠을 때의 위치 알아보기
<table>
<tr><th>예 측</th><th>결 과</th></tr>
<tr><td></td><td></td></tr>
</table>
</td>
</tr>
<tr>
<td>결말</td>
<td>
실험한 것을 관찰하여 그림으로 그려보며 실험결과에 대해 공유한다.
· 액체는 어떻게 되었니?
· 각 층에 어떤 것이 떴니?(사탕, 초콜릿, 방울토마토, 웨하스)
· 밑에서부터 어떤 순서로 무엇이 떴니?
· 왜 이런 층을 이루게 되었을까?
</td>
</tr>
</table>

활동안		**점토가 뜰 수 있을까? 호일이 가라앉을 수 있을까?** **(모양에 따른 부력 실험)**
목표		• 모양에 따라 물에 가라앉을 수도 뜰 수도, 있다는 것을 실험을 통해 안다. • 다양한 재료를 활용한 실험을 통해 과학적 태도를 기른다.
준비물		점토 혹은 쿠킹호일, 디지털 저울, 초시계, 수조
활동방법	도입	1) 물에 잘 뜨는 물건의 모양에 대해 이야기를 나눈다. (배, 유리병 용기의 금속 뚜껑, 스티로폼 접시 등) · (물건들을 물에 띄우며) 이 물건들은 물에서 어떻게 되니? · 물에 잘 뜨는 물건은 어떤 모양을 하고 있니? 2) 점토와 호일을 물에 넣어 어떻게 되는지 관찰한다. · 점토를 물에 넣으면 어떻게 될까? · 호일을 물에 넣으면 어떻게 될까? · 점토를 뜨게 할 수 없을까? 호일을 가라앉힐 수 없을까?
	전개	1) 점토 혹은 쿠킹호일을 같은 질량으로 준비하여 실험한다. · 이것을 이용하여 실험을 해보려 하는데 서로 무게가 다르면 어떻게 될까? · 같은 무게가 되게 하려면 어떻게 해야 할까? · 저울에 무게를 재어서 똑같이 만들어 보자. 2) 재료를 공 모양과 배 모양으로 만들고 물에 띄웠을 때 어떻게 될지 예상해 본다. · 동그란 공 모양으로 만들어 보자. 이것을 수조에 넣으면 어떻게 될까? · 끝부분을 조금 세워 배 모양을 만들어 보자. 이것을 수조에 넣으면 어떻게 될까? 3) 두 모양의 점토(쿠킹호일)를 물에 넣어 어떻게 되는지 관찰한다. · 공 모양 점토(호일)와 배 모양 점토(호일)를 물에 넣었더니 어떻게 됐니? · 왜 그렇게 됐을까? 이유가 뭘까? · 배 모양 점토는 얼마나 떠 있었니? · 왜 그렇게 됐을까? 이유가 뭘까?

<table>
<tr>
<td rowspan="2">활동방법</td>
<td>전개</td>
<td>
4) 물에 뜰 수 있다고 생각되는 모양을 다양하게 만들고 물에 띄워본다.
· 어느 모양이 물에 가장 잘 뜨니?
· 물에 떠 있는 시간을 초시계로 한번 재어볼까?
<table>
<tr><td colspan="5">어떤 모양의 배를 만들어보고 싶나요?
배의 바닥 모양을 그려 본 후 이것이 몇 초나 물에 떠 있는지 초시계로 재어 보세요.</td></tr>
<tr><td>모양</td><td></td><td></td><td></td><td></td></tr>
<tr><td>떠 있는 시간</td><td>초</td><td>초</td><td>초</td><td>초</td></tr>
<tr><td colspan="5">어떤 모양이 물에 가장 오래 떠 있나요? ______________</td></tr>
</table>
</td>
</tr>
<tr>
<td>결말</td>
<td>
실험결과를 기록하며 공유한 후 물에 더 잘 뜨게 하기 위한 물체 모양에 대해 이야기 나눠본다.
· 어떤 모양 점토가 물에 떴니?(가라앉았니?)
· 왜 그렇게 됐을까? 이유가 무엇일까?
· 우리가 만든 배는 어떤 모양이니?
· 어떤 모양의 배가 더 잘 뜨니?
· 왜 이런 모양의 배가 물에 더 잘 뜰까?
</td>
</tr>
</table>

<table>
<tr><td colspan="2">활동안</td><td>물줄기 만들기 (수압에 대해 알아보기)</td></tr>
<tr><td colspan="2">목표</td><td>• 물이 나오는 구멍의 높이나 크기에 따라 물의 세기가 달라지는 것을 실험을 통해 확인한다.
• 다양한 도구를 활용하여 실험해 보고 과학적 태도를 기른다.</td></tr>
<tr><td colspan="2">준비물</td><td>가는 송곳, 굵은 송곳, 빈 페트병 여러 개, 물, 스티커, 네임펜, 페트병 모양으로 자른 종이, 쓰기 도구</td></tr>
<tr><td rowspan="2">활동방법</td><td>도입</td><td>물을 내보내기 위해 준비한 페트병을 소개하고 이야기 나눈다.
· 페트병에 구멍을 뚫는다면 어디에 뚫었을 때 가장 세게 물이 나올까?
· 네임펜, 스티커 등으로 물이 가장 세게 나올 것 같은 곳에 구멍을 표시해 볼까?
· 왜 거기서 가장 세게 나올 것이라고 생각했니?</td></tr>
<tr><td>전개</td><td>1) 정한 위치에 구멍을 뚫어 물을 연결했을 때 물의 세기가 어떠한지 확인한다.
· 어느 구멍에서 물이 가장 세게 나갈 것 같니?
· 왜 그럴까? 이유가 뭐라고 생각하니?

2) 같은 위치에 높이를 달리하여 차례로 구멍을 뚫은 후 물의 세기가 어떻게 다른지 살펴본다.
· 어느 구멍에서 물이 가장 세게 나올 것 같니?
· 어느 구멍에서 물이 가장 세게 나왔니? 실험지에 스티커를 붙여 기록해 보자.

3) 굵기가 다른 송곳으로 구멍을 내어 물의 세기를 실험한다.
· 어느 구멍에서 물이 가장 세게 나올 것 같니?
· 어느 구멍에서 물이 가장 세게 나왔니? 실험지에 스티커를 붙여 기록해보자.

4) 페트병을 두 개 준비하여 하나는 눕혀서 하나는 세워서 물을 채우고 구멍을 뚫어 본다.
· 어느 병에서 물이 더 세게 나왔니?
· 두 병에서 물이 어떻게 나왔니? 왜 다르게 나올까?
5) 페트병 모양의 종이에 각 구멍의 위치를 그려 넣고 물의 세기가 어땠는지 결과를 표시한 후 게시한다.
· 우리가 실험한 것을 한 눈에 알 수 있으려면 어떻게 표시하면 좋을까? (스티커 사용)</td></tr>
</table>

활동 방법

전개

실험 전 예상한 구멍	실험 후 가장 잘 나오는 구멍
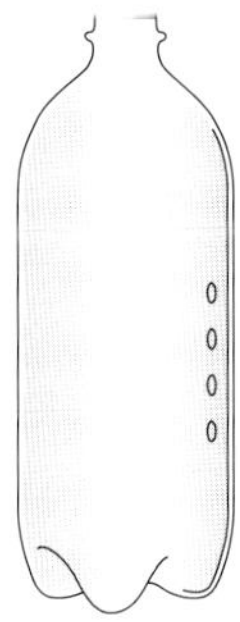	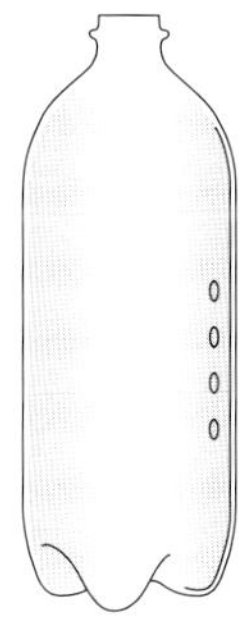

6) 어느 병에서 물이 더 세게 나올까? 물줄기를 표시해 보자.

세운 병	누운 병
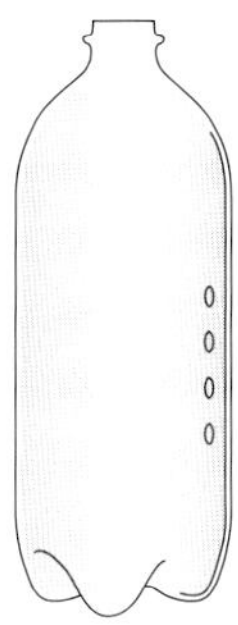	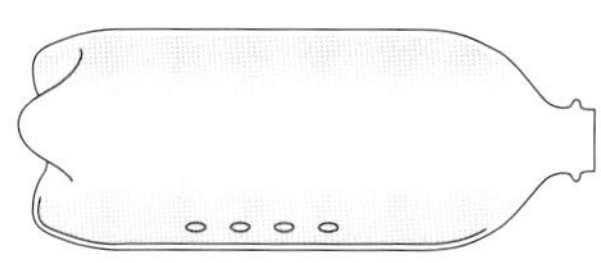

결말

결과를 기록하고 공유한 후 그 이유에 대해 이야기 나눠본다.

- 페트병의 어느 위치에서 물이 가장 세게 나왔니?
- 어떤 구멍에서 물이 세게 나왔니?(구멍의 크기)
- 눕혀져 있는 것과 세워서 있는 것에 구멍을 뚫은 것은 어떻게 달랐니?

계획안 3

물의 상태

활동안	눈 만들기
목표	물의 고체 상태인 눈에 관심을 가진다.
준비물	눈가루, 투명볼, 스포이트, 물(어린이들이 제시하는 자료들)

활동방법

도입

눈에 관한 사전 경험을 이야기 나누고 눈 만들기 활동을 제안한다.

- 눈을 본 적이 있니?
- 여름에도 눈을 볼 수 있을까?
- 보지 못하는 이유는 무엇일까?
- 우리가 눈을 만들어 볼 수 있을까?

전개

1) 눈가루를 소개하고 실험을 계획한다.

- 이 가루는 여름에도 눈을 느낄 수 있게 해주는 특별한 가루야.
  어떻게 하면 눈을 만들 수 있을까? (얼려요/ 물을 부어요/ 뿌려요 등)
- 그렇게 하면 눈이 될까? 왜 그렇게 생각하니?
- 다른 친구들의 생각은 어떻니?

2) 실험을 통해 확인한다.

3) 어린이들이 제안한 방법에 따라 눈가루 실험하기

- 우리가 가루에 어떻게 했니?
- 그렇게 했더니 어떻게 되었니?
- 눈을 만드는 순서표를 작성한다.

1	2	3	4

4) 눈가루의 변화 관찰하고 기록한다.

가루로 만든 눈	진짜 눈

활동방법

전개

· 느낌이 어떻니? 색은 어떻니?

· 실제 눈의 느낌과 비교해 본다.

· 진짜 눈과 같은 것 같니? 다른 것 같니?

· 어떤 것이 같은 것 같니? 어떤 것이 다른 것 같니?

결말

실험을 통해 발견한 것을 공유한다.

· 가루를 이용해서 눈을 만들어 보았어. 우리가 이 가루를 어떻게 했지?

· 그랬더니 어떻게 되었니?

· 다른 방법으로 눈을 만들어 본다면 어떻게 할 수 있을까?

· 가루를 이용해 눈을 만드는 방법에 따른 차이 기록해 본다.

	얼리기	물 뿌리기	얼음 넣기
예측하기			
실험결과			

활동시 유의사항

· 어린이들이 눈에 대한 흥미를 가지고 활동에 참여하도록 한다.

· 가루는 물에 의해 다른 성질의 물질로 변화하는 데 대한 다양한 어린이들의 생각을 실험해 보도록 한다.

교사들을 위한 Tip!

시중에서 판매되고 있는 인공눈가루는 소디움 폴리아크릴레이트가 주성분으로, 약간의 물을 첨가하면 본래 크기의 약 100배로 팽창하여 눈송이를 만들어낸다. 보온이나 보냉, 기저귀 등에 사용된다.

활동안		물은 변한대요
목표		• 물의 상태변화를 통해 물의 성질을 이해한다. • 온도에 따른 물의 상태변화를 실험해본다.
준비물		얼음, 투명 물놀이대 상자, 얼음 깨는 도구(조각도, 작은 망치 등), 눈 보호대, 온도계, 저울, 현미경, 알코올램프, 삼발이, 유리 플라스크, 아크릴판
활동방법	도입	미리 준비해 놓은 얼음을 탐색하고 얼음의 특성에 대해 알아본다. · 여기에 무엇이 있니? / 이게 무엇일까? · 얼음을 함께 살펴보자. / 얼음의 무게, 온도, 크기 등 측정하기 (얼마나 크니? 얼마나 무겁니? 느낌이 어떻니? 온도계로 재어보면 어떨까? 얼음이 차가운 정도를 알아보려면 어떻게 해야 할까?) · 얼음은 무엇으로 만들어졌을까? · 얼음을 다시 물로 만들려면 어떻게 해야 할까?
	전개	1) 어린이들이 제안한 방법에 따라 얼음을 녹여 본다. · 이렇게 하면 얼음이 녹을 수 있을 것 같니? · 왜 그렇게 생각하니? 2) 얼음을 녹이는 방법에 대해 생각해 본다. · 우리가 어떻게 했더니 얼음이 다시 물이 되었지? · 얼음을 물로 만들려면 어떻게 해야 하니? 3) 얼음을 녹인 물을 관찰해 본다. · 얼음이 녹아서 변한 물을 관찰해 보자. (느낌이 어떻니? 얼마나 무겁니? 크기는 어떻게 재어볼 수 있을까? 온도계로 재어보면 어떻게 될까? 얼마나 차이가 날까?) 4) 물에 열을 가하여 수증기로 만드는 실험을 해본다. · 얼음을 녹은 물을 끓이면(온도를 높이면) 어떻게 될까? · 알아보려면 어떻게 해야 할까? / 계속 뜨겁게 하려면 어떻게 하면 될까?

활동방법 / **전개**

· 물을 끓여보았더니 어떻게 되었니?

· 수증기를 관찰해 보자.

(느낌이 어떻니? 온도는 어떻니? 수증기는 어디로 갈까?)

5) 얼음, 물, 수증기의 특징을 이야기 나누고 활동지에 기록한다.

· 얼음과 물 무게, 온도, 크기 등의 측정 그래프를 기록한다.

4℃		
3		
2		
1		
0		
−1		
−2		
	얼음	물

6) 얼음, 물, 수증기의 특징 비교하여 관찰한 것을 이야기 나눈다.

· 물과 얼음, 수증기는 어떻게 다르니?

· 어느 것이 더 무겁니?

· 어느 것이 가장 차갑니, 뜨겁니?

· 서로 같은 점은 무엇이니?

· 서로 다른 점은 무엇이니?

	물	얼음	수증기
모양			
맛			
느낌			

<table>
<tr><td rowspan="2">활동방법</td><td>전개</td><td>· 얼음과 물의 비교 벤다이어그램을 작성해 본다.
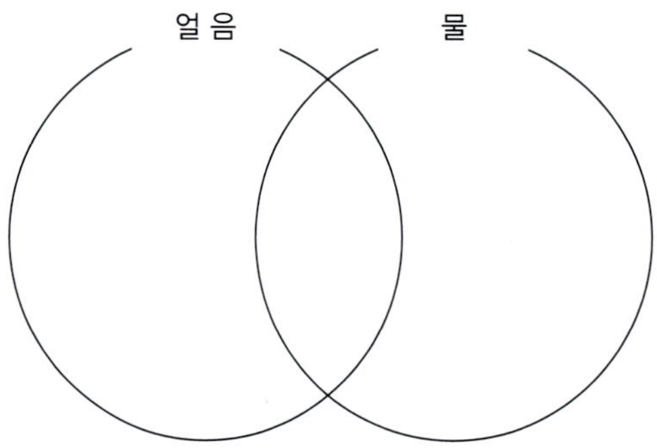</td></tr>
<tr><td>결말</td><td>얼음-물-수증기의 관계 실험한 결과를 기록하고 결말을 공유한다.
· 이 실험으로 어떤 것을 알게 되었니?
· 얼음은 어떻게 만들어지는 것이니?
· 어떻게 했더니 물이 되었니?
· 물은 어떻게 변할 수 있니?
· 우리가 어떻게 했더니 얼음(물)이 그렇게 되었니?</td></tr>
<tr><td colspan="2">실험시 유의사항</td><td>· 얼음이 튀는 경우를 대비해 안전장비를 갖추고 실험한다.
· 알코올램프 사용 시 주의한다.
· 얼음의 크기에 따라 녹는 속도의 차이가 있으므로 활동시간에 따라 조절한다.</td></tr>
</table>

<table>
<tr><td colspan="2">활동안</td><td>물에 여러 가지를 넣어 살펴 보아요</td></tr>
<tr><td colspan="2">목표</td><td>• 물질을 물에 녹였을 때 물의 변화를 예측해 본다.
• 다양한 실험을 통해 탐구적인 태도를 기른다.</td></tr>
<tr><td colspan="2">준비물</td><td>여러 가지 물질(미숫가루, 초콜릿가루, 주스가루, 설탕, 밀가루, 비타민 C), 물질을 담을 용기, 비커(유리재질의 큰 비커), 유리막대, 얼릴 수 있는 틀(다양한 모양)</td></tr>
<tr><td rowspan="2">활동방법</td><td>도입</td><td>1) 여러 가지 물질을 탐색해 본다.
· 여기에 어떤 것들이 있니?
· 색이 어떻니? 맛이 어떻니? 촉감이 어떻니? 냄새가 어떻니?

2) 물에 넣으면 어떻게 될 것 같은지 예상해 본다.
· 물에 넣으면 어떻게 될까?
· 왜 그렇게 될 것 같니?</td></tr>
<tr><td>전개</td><td>1) 물에 여러 가지 물질을 차례로 넣어 실험한다.
· 다양한 방법으로 물에 녹여 본다.
(한 가지씩 넣어보기, 같은 시간에 함께 넣어보기, 시간이 지난 뒤의 변화 관찰)
· 물에 녹인 모습 관찰해 본다.
(어떻게 변했니? 색은 어떻게 되었니? 맛은 어떨까?)
· 녹는 과정의 차이를 이야기 나눈다.
(쉽게 녹는 것과 녹지 않는 것, 빨리 녹는 것과 느리게 녹는 것, 색이 변하는 것과 변하지 않는 것 등)
· 물질들을 물에 넣었을 때 변화 비교표(각 물질들마다 기록하기)를 작성한다.

<table>
<tr><td colspan="4">소 금</td></tr>
<tr><td></td><td>가루</td><td>예측하기</td><td>실험하기</td></tr>
<tr><td>맛</td><td></td><td></td><td></td></tr>
<tr><td>느 낌</td><td></td><td></td><td></td></tr>
<tr><td>냄 새</td><td></td><td></td><td></td></tr>
</table>
</td></tr>
</table>

활동방법

전개

2) 어린이들이 처음 예측한 것과의 차이점 알아본다.

- ○○을 물에 넣은 것은 어떻게 되었니? (맛, 느낌, 색, 촉감 비교하기)
- 왜 그렇게 된 것 같니?
- 우리가 생각한 것과 같니? 다르니? 어떤 것이 다르니?
- 물에 녹은 것을 알려면 어떻게 해야 할까?
- 여기에 있는 물질들은 어떻게 분류해(모아) 볼 수 있을까?

쉽게 녹는 것 | 쉽게 녹지 않는 것

색이 변하는 것 | 변하지 않는 것

- 녹는 과정에 대한 순서 기록한다.
  (빨리 녹는 순서대로 놓아보기 등)

	1	2	3
물질 이름			

3) 물질을 녹인 것을 다시 얼려보는 실험을 해본다.

- 이렇게 여러 가지를 녹인 물을 얼려 보면 어떻게 될까?
- 얼려 보았더니 어떻게 되었니? 어떤 것이 달라졌니? 먹어보니까 어떠니?
- 물을 내가 원하는 모양으로 만들어 보려면 어떻게 할 수 있을까?

결말

실험 결과를 공유하고 여러 가지 물질을 넣었을 때 물의 변화를 이해한다.

- 어떤 것들을 알게 되었니?
- 물에 ○○을 넣었더니 어떻게 되었니?
- 물에 녹는 것은 어떤 것들이 있었니?
- 물에 완전히 녹지 않는 것은 어떤 것들이 있었니?
- 물에 ○○을 넣어서 녹이면 물이 변하니? 왜 물이 변했다고 생각하니?

실험시 유의사항	· 한 가지씩의 물질을 차례로 녹여 볼 수도 있으며 한 번에 녹일 수도 있다. 또한 덩어리와 가루의 경우에도 녹는 속도의 차이들이 발생한다. 차이에 따라 실험의 결과들이 달라지므로 어떤 방법으로 진행할 것인지 계획하여야 한다. · 먹을 수 있는 물질과 먹을 수 없는 물질을 섞을 경우 어린이들에게 분명히 알려 주어 주의하도록 한다.

활동안		물이 오염되면 어떻게 될까?
목표		• 물의 오염 상태를 실험을 통해 이해한다. • 물의 오염 원인을 이해하고 물을 보호할 수 있는 방법을 안다.
준비물		면도크림, 세제가루, 기름(식용유), 관찰할 수 있는 용기(큰 화병류의 투명한 용기), 섞어 볼 수 있는 다양한 도구(유리막대, 거품기, 숟가락 등), OHP기계, 얇은 접시류, 오염되어 있는 물의 모습 사진자료
활동방법	도입	면도크림, 세제 가루, 기름들을 관찰하고 물에 섞었을 때 변화를 예상해 본다. · 이것이 무엇이니? 어디에서 보았니? 어디에 쓰는 것일까? · 이런 것을 물에 섞으면 어떻게 될까?
	전개	1) 면도크림, 세제 가루, 기름들을 물에 섞어 본다. · 물에 넣어보니 어떻게 되었니? 우리가 무엇을 넣었니? · 물이 어떻게 변했니? 왜 그렇게 변한 것 같니? · 다양한 방법으로 변화한 상태 관찰한다. (섞여 있는 물 사진으로 찍기, 처음의 물의 모습 사진과 비교하기, 섞여 있는 상태를 좀 더 분명하게 관찰하기 위해 OHP에 올려 보기) 2) 실험활동과 연결하여 생활하수에 의한 물의 오염에 대해 이야기 나눈다. · 면도크림, 세제, 기름을 넣은 물은 어떻게 변했니? · 물과 어떻게 다르니? · 우리가 먹을 수 있을까? · 면도크림, 세제, 기름을 그냥 흘려보내면 어떻게 될 것 같니? · 물에 넣으면 안 될 것 같은 것들은 또 어떤 것들이 있겠니? 3) 실험을 통해 결과를 확인하고 기록한다.

<table>
<tr><td rowspan="2">활동방법</td><td>전개</td><td>· 물질들이 녹아 있는 물의 모습 사진으로 찍어 두고 OHP에 올려 놓은 모습을 사진찍는다(물질들을 섞었을 때의 모습 그림으로 기록할 수 있는 자료를 준비하여 활동한다).

면도크림 세제가루 기름</td></tr>
<tr><td>결말</td><td>실험의 결과를 공유하고 물의 오염을 막기 위해 우리가 할 수 있는 일을 알아본다.
· 물이 어떤 것들 때문에 오염이 되었니?
· 세상의 물들이 오염이 된다면 어떻게 될까?
· 물의 오염을 막기 위해 우리가 할 수 있는 일들은 어떤 것들이 있을까?</td></tr>
<tr><td colspan="2">실험시 유의사항</td><td>· 세제, 면도크림 등은 어린이들이 먹지 않도록 주의하며 세제, 면도크림이 손에 묻은 경우 눈을 비비거나 하지 않도록 주의한다.
· 물의 상태변화를 다양한 방법으로 관찰할 수 있도록 OHP기계, 라이트 테이블, 현미경 등의 도구를 사용할 수 있다.
· 실험을 통해 물의 오염을 알아보는 활동으로 물의 오염에 관한 이해를 돕기 위해 다양한 사진, 영상자료들을 준비할 수 있다.</td></tr>
</table>

부록 II. 물에 대한 이해를 높이기 위한 보충학습

물의 흐름, 힘, 상태

1. 물의 흐름

물은 위에서 아래로 흐름으로써 자연의 순리를 따른다. 물은 생명의 순환성과 정화의 의미를 가지고 있지만 순수한 물, 더러운 물, 난폭한 물에 따라 그 위상이 다르게 나타난다. 또한 흐르는 물, 고여 있는 물, 얼어 있는 물은 그 형태적 의미도 각기 다르다. 물은 실체를 끊임없이 변화하며 스스로 다양한 모습을 지닌다(박화조, 2004).

이렇듯 물은 흐르는 성질은 가지고 있으며 물의 흐름과 관련하여 다음과 같은 특성을 가지고 있다(임충신, 1992).

변화성

물은 액체이기 때문에 흐르거나 떨어지거나 솟아나며 온도나 습도에 따라서 결집내지 응집하는 성질과 비, 안개, 이슬, 구름 등으로 모습이 달라지는 변화성이 있다. 이러한 변화성에 의해 물은 뛰어난 조형성을 가진다.

똑똑 떨어짐, 물의 튀김, 포말, 쏟아 부음, 흐름과 같은 물의 다양한 모양을 이용하여 공간의 독특한 분위기와 이미지를 연출할 수 있다.

유동성

유동성이란 자연적 혹은 인위적 힘에 의해 물이 움직이는 성질로 높은 곳에서 낮은 곳으로 흘러가거나 스며들어 가는 성질, 즉 침투성이 있다. 잔잔한 수면에서 퍼지는 물, 역동적인 물, 고요한 물, 부딪히는 물이 있으며, 물의 유동성은 시청각적으로 다양한 이미지를 형성한다.

또한 경사를 따라 흐르는 물은 흐름이 연속된 하나의 선으로 표현되며, 자연적 혹은 인공적으로 조성된 작은 개울, 하천, 용수로, 운하 등을 들 수 있다. 물의 흐름을 이용한 종류로는 수로, 폭포 등을 들 수 있다.

수 로

경사를 따라 흐르는 물줄기를 의미하는 것으로 자연적인 물줄기의 흐름을 '개울' 이라고 하고, 인공적 흐름을 '수로' 라고 한다. 수로의 물줄기 흐름은 속도, 물의 깊이, 바닥, 방향의 다양성, 경사 등에 영향을 받는다.

캐스케이드(폭포)

폭포는 낭떠러지에서 바로 쏟아져 내리는 물로 비류, 폭포수라고 한다. 폭포는 물이 떨어지는 힘에 지배적인 역할을 한다. 폭포는 낙수구의 형태, 폭포의 길이, 폭, 수량과 재료에 따라 물의 형태가 다르다.

2. 물의 힘

물의 힘에 대한 연구와 실험은 역사적으로 유래가 매우 깊다. 물의 힘과 물체의 관계에 대해 다루는 학문을 유체역학이라고 하는데 이는 '물(유체) 속에서(혹은 물로부터) 어떤 물체가 받는 힘에 대해 다루는 학문' 이라고 할 수 있다. 아르키메데스(기원전 287~212년)는 "유체의 잠긴 물체는 잠긴 부분의 부피에 해당하는 유체의 무게만큼 부력을 받는다"는 원리를 발견하였는데, 물속에서 물체를 위로 뜨게 하는 힘이 아르키메데스가 발견한 부력이다.

파스칼은 실험을 통해 "유체(물)의 한 부분에 압력을 가하면 유체(물)안의 모든 부분에 균등하게 전달된다"는 파스칼의 원리(Pascal's principle)를 발견하였다. 또한, 물의 압력(누르는 힘)이 높이에 따라 바뀐다는 사실을 보여 주면서 압력이 물의 무게 때문에 생긴다는 사실을 밝혀냈다.

물의 힘은 수력, 수압, 부력과 관련하여 실험해 볼 수 있는데, 사전적 의미를 찾아보자면 **수력**은 물이 떨어지면서 생기는 힘을, **수압**은 물이 누르는 힘을 의미하며 **부력**은 물이 밀어 올리는 힘을 의미한다.

3. 물의 상태

자연계에서 강이나 바다의 물은 증발하여 수증기로 되고, 이것이 비 또는 눈이 되어 내리기도 한다. 이와 같은 현상은 물이 온도에 따라 기체, 액체, 고체의 세 가지 상태로 변하는 것을 보여 준다. 물은 온도에 따라 기체, 액체, 고체의 세 가지 상태로 존재하며, 가열하거나 냉각시키면 상태가 변한다. 이렇듯 물질이 물질 그 자체는 변하지 않고 온도의 변화에 따라 고체, 액체, 기체 상태로 그 외형만 변하는 것을 '상태변화'라고 한다.

다음은 물의 세 가지 상태에 대한 설명이다.

고 체

1) 일정한 부피와 모양을 가진다.
2) 온도나 압력에 의해 그 모양이나 부피가 거의 변하지 않는다.
3) 단단하다.
4) 입자 배열이 규칙적인 **결정성 고체**와 입자 배열이 불규칙적인 **비결정성 고체**가 있다.

액 체

1) 부피는 일정하나 담긴 그릇의 모양에 따라 그 모양이 달라진다.
2) 온도가 변하면 부피가 변하지만, 압력에 의해서는 부피가 거의 변하지 않는다.
3) 입자들은 밀집한 상태에서 운동하며 흐르는 성질이 있다.

기 체

- 모양이 일정하지 않고, 열려 있는 그릇에서 달아나는 성질이 있어서 밀폐된 용기에만 담아 둘 수 있고, 기체가 담긴 용기의 부피가 곧 기체의 부피가 된다.
- 온도나 압력의 변화에 따라 부피가 크게 변한다.
- 입자들이 빠른 속도로 직선 운동을 하며, 흐르는 성질이 있다.

이러한 물의 세 가지 상태는 온도에 따라 변화하게 된다. 온도에 따른 물의 상태변화를 살펴보면 다음과 같다.

- 융해와 녹는점 : 고체가 액체로 변하는 현상을 **융해**라 하고, 이때의 온도를 **녹는점**이라고 한다.
- 응고와 어는점 : 액체가 고체로 변하는 현상을 **응고**라 하고, 이때의 온도를 **어는점**이라고 한다.

• 기화 · 액화와 끓는점 : 액체가 기체로 변하는 현상을 **기화**, 반대로 기체가 액체로 변하는 현상을 **액화**라고 하며, 기화가 일어나는 온도를 **끓는점**이라고 한다.
• 승화 : 고체가 직접 기체로 변하는 현상을 **승화**라고 한다.

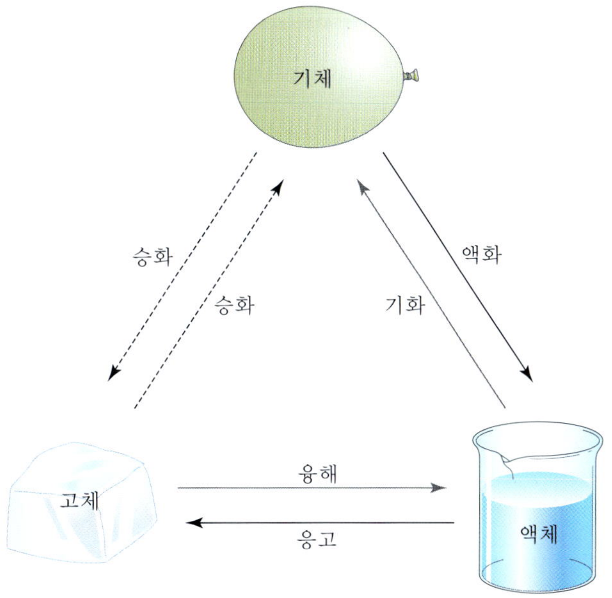

물질의 상태 변화

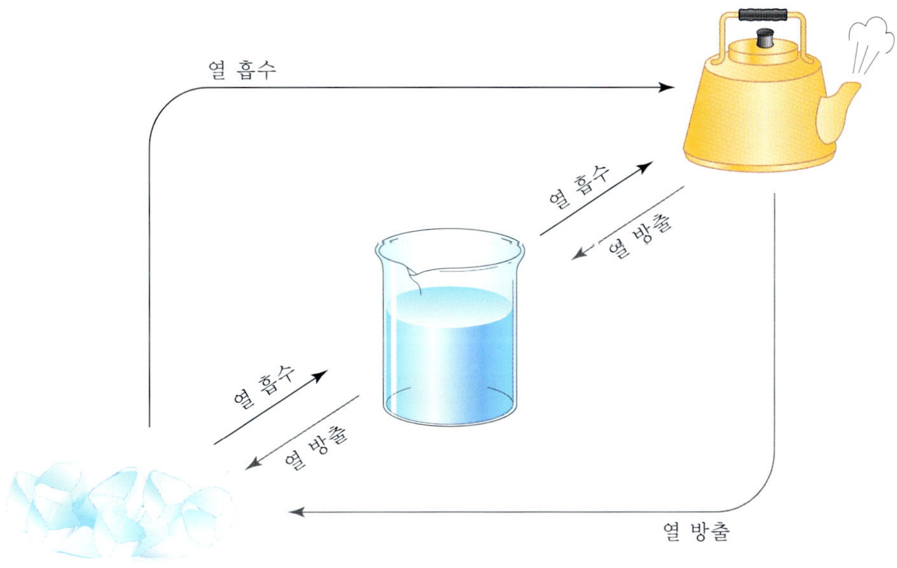

상태 변화와 에너지의 출입

참고문헌

교육부(1995). 문학적 접근에 의한 유아과학교육. 서울 : 대한교과서주식회사.

교육부(1999). 유치원 교육과정 해설. 서울 : 대한교과서주식회사.

교육인적자원부(2003). 놀이를 통한 유아과학교육의 활동자료. 서울멀티넷.

구희정(1992). 과학교육에 대한 유치원 교사의 교육 목표 및 교수 방법 인식에 관한 연구. 중앙대학교 석사학위논문.

김경미 · 김현주 · 송연숙(2002). 현장중심 유아과학교육. 서울: 창지사.

김경숙(2002). 구성주의에 근거한 문제 중심학습이 문제 해결력과 사회성에 미치는 효과. 대구: 대구교육학교 석사학위논문.

김명애(2002). 구성주의 접근에 기초한 탐구중심 과학교육의 효과. 서울여자대학교 박사학위논문.

김온기(2000). 과학 활동을 통한 유아의 창의적 사고력 증진 프로그램 개발 연구. 연세대학교 박사학위논문.

나명숙(2002). 구성주의 이론에 기초한 물놀이 활동에서 나타난 유아의 과학적 개념과 태도의 변화. 경산: 대구대학교 석사학위논문.

류진희(1985). 유아 과학교육의 통합적 접근방법에 관한 연구 : SCIS 프로그램을 중심으로. 이화여자대학교 석사학위논문.

문미옥 · 신현옥 · 김영숙 · 류칠선(2000). 유아를 위한 과학교육. 서울 : 교문사.

박경자(2000). 유아 과학교육의 목표 및 교수 방법에 대한 유아교사의 인식. 건국대학교 석사학위논문.

박영란(1999). 구성주의 과학활동이 유아의 과학적 문제 해결력 및 과학적 태도에 미치는 영향. 중앙대학교 석사학위논문.

박홍자(2001). 유아 수 · 과학 교육. 서울 : 동문사.

유경숙(1999). 구성주의에 기초한 밀가루 점토 활동 구성방식에 따른 유아의 과학적 개념, 과정기술 및 태도의 차이분석. 중앙대학교 석사학위논문.

윤애희 · 김온기 · 이혜경(2002). 사고과정을 중심으로 한 유아 수 · 과학 교육. 서울: 창지사.

이경우 · 조부경 · 김정준(1999). 구성주의 이론에 기초한 유아과학교육. 서울: 양서원.

이원영 · 김덕건(1991). 활동중심의 유아과학교육. 서울: 양서원.

이은화 외(2001). 유아교육개론(개정판). 서울: 양서원.

이장희(2001). 구성주의 학습경험이 유아의 문제 해결과 창의적 표상에 미치는 영향. 동국대학교 석사학위논문.

장혜순 외(2005).물리적 지식활동을 통한 유아과학교육. 서울: 양서원.

장혜순 · 정은정 · 윤신숙(2005). 유아과학교육. 서울: 양서원.

전경원(1999). 창의성을 중심으로 한 유아과학교육. 서울: 학문사.

정연희(2003). 요리활동을 통한 유아과학교육의 실제. 서울: 정민사.

조형숙(1991). 과제 흥미도와 보상조건이 유아의 과제 지속 시간에 미치는 영향. 중앙대학교 석사학위논문.

조혜숙(2000). 유아NIE의 이론과 실제. 서울: 양서원.

홍기랑(2000). 과학적 접근방법에 따른 유아의 창의성 및 과학적 문제해결능력 차이에 관한 연구. 중앙대학교 교육대학원.

Gelman, S.A., & Wellman, H.M(1991). Insides and essences: Early understandings of the non-obvious. *Cognition*, 38, 213-244.

Harlan, J.D., & Rivkin, M.S.(1996). *Science experiences for the early childhood years: An integrated approach*. NJ: Prentice Hall.

Holt, B.G.(1997). *Science with young children*. NAEYC.

Howe, A.C.(1993). Science in early childhood education. In B. Spodek (Ed.), *Handbook of research on the education of young children*(pp.225-235). Newyork: Macmillan.

Kamii, C. & Kamii, M.(1993). *Physical Knowledge in preschool education: Implication of Piaget' theory*. NY: Tearchers College Press.

Kats, L.G. & Chard, S.C.(2000). *Engaging Children's minds: The project approach*(2nd ed.). Norwood, NJ: Ablex Publishing Corporation.

Rakow, S.J. & Bell, M.J.(1998). *Science young and children: The massage from the national science education standards*, 74(3), 164-167.

Sternberg, R.J., & Lubart, T.I.(1999). *The concept of creativity: Prospects and paradigms. In R. J. Sternberg (Ed.), Handbook of creativity*. Cambridge University Press.

Stone, J.S., & K.(1997). The affective side of science instruction. *childhood education*, 74(2), 102-104.

Thomson, P.W.(1998). "인간학습과정과 구성주의", 구성주의와 교육. 조연주, 조미헌, 권형규(공역). 121-134. 서울: 학지사.

찾아보기

연구진

이현옥(서울여대 부속유치원 원감)
한정희(서울여대 부속유치원 교사)
손지현(서울여대 부속유치원 교사)
손여민(서울여대 부속유치원 교사)
정은주(서울여대 부속유치원 교사)
김소리(서울여대 부속유치원 교사)

물을 중심으로 한

발견과 발명

초판인쇄	2007년 8월 25일
초판발행	2007년 8월 30일
지은이	서울여자대학교 부속유치원
펴낸이	류제동
펴낸곳	(주)교문사
디렉터	양계성
책임교정	김지연
표지디자인	반미현
본문편집	아트 미디어
제작	김선형
영업	김재광 · 정용섭 · 송기윤
출력	문성애드컴
인쇄	동화인쇄
제본	대영제책
우편번호	413-756
주소	경기도 파주시 교하읍 문발리 출판문화정보산업단지 536-2
전화	(031)955-6111~4 / FAX (031)955-0955
등록	1960.10.28 제1-2호
홈페이지	www.kyomunsa.co.kr
E-mail	webmaster@kyomunsa.co.kr
ISBN	978-89-363-0849-0(93370)

값 15,000원